《少儿礼乐文化读本》（儒家经典卷）系北京青年政治学院2019年委托项目“中华礼乐文化与青少年教育研究”（项目编号：WT201905）成果

少儿礼乐文化读本

彭笑远　李伟波　主编

中国文史出版社

前　言

少儿读者朋友们，当你们看到《少儿礼乐文化读本》（儒家经典卷）时，也许会对书名产生好奇。因为中华优秀传统文化中蕴含着丰富的礼乐文化，因此，学习和传承中华优秀传统文化就应对中华礼乐文化有所了解和认识。

中华礼乐文明制度的建立始于周公，著名学者王国维在《殷周制度论》中提出："中国政治与文化之变革，莫剧于殷周之际。……此数者，皆周之所以纲纪天下。其旨则在纳上下于道德，而合天子、诸侯、卿、大夫、士、庶民以成一道德之团体。周公制作之本意实在于此。"王国维此处提到的殷周之变革，就是西周初期由周公首创的礼乐制度，开启了中华传统文化中的礼乐文化。

在此基础上，春秋时期的孔子创造性地继承和发展了周公所创的礼乐文化。他教育自己的儿子孔鲤要学习《诗》和礼，提出："不学《诗》，无以言；不学礼，无以立。"（《论语·季氏篇》），强调了"学《诗》"和"学礼"的重要性。同时，孔子主张礼乐除了外在形式外，更应具有道德内涵，如他所言："礼云礼云，玉帛云乎哉？乐云乐云，钟鼓云乎哉？"（《论语·阳货篇》）即："礼呀礼呀，仅仅是指玉帛等礼物而说的吗？乐呀乐呀，仅仅是指钟鼓等乐器而说的吗？"孔子还将

“仁”引入到礼乐之中，强调“仁”是礼乐背后的精神底色，他说：“人而不仁，如礼何？人而不仁，如乐何？”（《论语·八佾篇》）反复说明一个人如果没有仁爱之心，只在表面上实行礼乐，又有什么价值呢？孔子在周公制礼作乐的基础上，将“仁”作为“礼乐文化”之本，注重“礼乐”背后“仁”的价值，强调“礼”外“乐”内，二者相生相谐，对后世的儒家礼乐文化形成了深远的影响。

为了便于少儿读者朋友阅读和传承中华礼乐文化内容，《少儿礼乐文化读本》（儒家经典卷）在选编方面遵循以下原则：

一、在选编范围上：《少儿礼乐文化读本》（儒家经典卷）集中于儒家经典，重点选择了《诗经》《尚书》《周礼》《仪礼》《礼记》《周易》《左传》《论语》《孟子》《孝经》《荀子》。这些经典都是儒家经典中的经典，蕴含着丰富的礼乐文化内容。

二、在选编内容上：在对以上十一部儒家经典中的礼乐文化内容进行选编时，本书以少儿读者为主要阅读对象，重点选择中华礼乐文化中与少儿教育有关的内容，即对今天的少儿读者德育、美育培养有所助益的中华礼乐文化内容。

三、在选编的体例上：选编以上十一部儒家经典中适合少儿读者阅读的礼乐文化内容，采用“原文、注释、译文、点评”相结合的体例进行撰写，形成一个适宜少儿读者阅读的读本。同时有助于少儿读者在此基础上，按图索骥，进一步去探寻更宽广、更深入的儒家经典内容。

以上就是我们对《少儿礼乐文化读本》（儒家经典卷）的介绍，相信少儿读者朋友们对本书有了一定的了解，下面就邀请大家一起开启阅读之旅吧。

目 录

前 言

《诗经》

《尚书》

《周礼》

《仪礼》

《礼记》

《周易》

《左传》

《孟子》

《孝经》

《荀子》

后　记

《诗经》

《诗经》概论

《诗经》是我国最早的诗歌总集，共305首诗歌，所以又称“诗三百”。春秋时期,《诗》或《诗三百》，是孔子教授学生的重要教材,《墨子·公孟》记载儒者“颂诗三百，弦诗三百，歌诗三百，舞诗三百”。孔子非常重视“诗”的美育作用，他多次强调“诗”在养成教育中不可或缺的重要地位,《礼记·经解》“入其国，其教可知也。其为人也，温柔敦厚，诗教也”,《论语·季氏》“不学诗，无以言”,《论语·泰伯》“兴于诗，立于礼，成于乐”。孔子的美育思想，被后来的学者，尤其是儒家，代代相传，成为我国教育史中的优良传统，如今央视的“经典咏流传”节目，更是对这种美育传统的推陈出新。

汉中期以后,《诗》成为儒学经典，所以始有《诗经》之名，并沿用至今。

《诗经》逐步成书的五百年中，正是我国礼乐文明产生和形成的重要时期。《诗经》以其广泛的触角，敏锐且朴素、优美地表达了那个时代的人文化成，其间蕴含了天人和谐、家国和谐、族群和谐、官民和谐等中华民族精神的重要内容，堪称中国礼乐文明之花，是早期国家精神文明进步的结晶。

一、《诗经》的成书

《诗经》的创作年代，距今三千年左右，从西周初年至春秋中期，即公元前11世纪至公元前6世纪之间，前后绵延了500多年。

《诗经》各部分的成书年代不太一致。“十五国风”，多由采诗官深入民间采集而成，形成时间也比较长。《周颂》是贵族文人作品，以宗庙乐歌、颂神乐歌为主，时代最早。总的来讲，《诗经》的编次次序虽然是十五国风、小雅、大雅、周颂、鲁颂、商颂，但如果按诗篇最后编订年代为序，则应为周颂、大雅、小雅、商颂、鲁颂、十五国风。

二、《诗经》的流变

“诗三百”由诗集转为《诗经》，成为儒家必读的经典，孔子具有首创之功。西汉初年，讲诗的学者，先是有鲁人申培公、齐人辕固生和燕人韩婴，合称鲁、齐、韩三家“诗”，立于学官。后有大毛公毛亨、小毛公毛苌所传之诗，即《毛诗》。东汉时，经学大师郑玄为《毛诗》做笺，《毛诗》地位遂远高于其他三家。后来三家“诗”逐步亡佚，《毛诗》独传至今。

三、《诗经》体例及内容

1.《诗经》“六义”

“风、雅、颂、赋、比、兴”，是谓《诗经》之“六义”。按照唐代以来逐渐达成的共识，风、雅、颂，是《诗经》篇章的分类；赋、比、兴，是《诗经》的艺术手法。

2. 关于“十五国风”

“国风”共160篇，是十五个地区在几百年的“国风”形成过程中，经过大量的自然筛选，最后汇集而成的民间歌谣。这十五个地区，地域涵盖十分辽阔，西起陕甘一带，东至泰山南北，北自黄河以北，南达江汉平原。“十五国风”就诞生于这样辽阔又多彩的土壤之上，这是我国新石器时代文化“多元发生”的空间范围，也是夏商至春秋时期中国文化发展的中心地带。

“十五国风”分别是周南、召南、邶风、鄘风、卫风、王风、郑风、齐风、魏风、唐风、秦风、陈风、桧风、曹风、豳风。

怎样才能比较快而准确地记住十五国风的来源地呢？笔者编了个顺口溜，供大家参考，也希望各位小读者，能够八仙过海各显其能，找出适合自己记忆的好方法呀。

江汉清婉二南陈
关中厚土育豳秦
山西俭朴唐与魏
郑（邶鄘）卫曹桧河南北
富甲东海为齐风
鲁国血统归于“颂”
王风本应统天下
奈何东周已衰微

“十五国风”记录了我国早期先民古老的习俗，记录了西周至春秋时期新的社会生活内容，语言生动活泼，抒发心意酣畅淋漓，有点像我们现在所说的“流行歌曲”，但其表现手法和描写的内容，又具有丰富内涵，充分体现着原生态歌曲中的天人和谐。

“五月斯螽动股，六月莎鸡振羽，七月在野，八月在宇，九月在户，十月蟋蟀入我床下……”这是《豳风·七月》顽皮的蚂蚱和蟋蟀，“春日载阳，有鸣仓庚”，这是《豳风·七月》的黄鹂翠鸣；“桃之夭夭，灼灼其华”，这是《周南·桃夭》的少女美艳；“蒹葭苍苍，白露为霜”，这是《秦风·蒹葭》中的深秋清灵……《国风》的特点就是如此鲜明，它的咏唱灵感，都源自大自然中的天籁，源自大自然中的色彩。

3. 关于“雅”

“小雅”共74篇，“大雅”共31篇，历来关于“雅”的解释也颇多，我们在此仅取其中一种意见，即“雅”与“夏”二字在古代同为一个字，西周初期，周人常自称夏人，“夏声”即“雅声”，“雅”是西周人的本土诗歌音乐。周人迁徙居住并兴旺发达、建立国家的地方，在今陕西关中平原和河南洛阳一带，创作于周王朝的《诗经》，当然就把这一带的“夏声”，作为周人统治时期的“普通话”。“雅”又分大雅、小雅，创作时间在前的为“大雅”，创作时间在后的为“小雅”。《雅》的内容多与“王政”相关。在一百多篇诗歌中，有宣示周王朝改革前朝弊端，开创礼乐文明的“开国乐章”，有高歌先祖从公刘到文王开疆拓土的“史诗”，有各种宴饮中倡导官民、民众之间和谐的，有对政治的抨击，有对庶民不幸的哀叹，等等。

4. 关于“颂”

“颂”共40篇，包括《周颂》31篇，《鲁颂》4篇，《商颂》5篇，是天子、诸侯用于宗庙祭祀等大典的祭歌和舞曲。

5. 关于“赋、比、兴”

是《诗经》的三种艺术手法，简单来讲，赋是有事直说，比就是打比方，用一个事比喻另一个事，兴则是《诗经》最独特的艺术手法，并且一直传到现在，我们还在用。兴，就是不直接说自己想说的话，而是先描绘近似事物的动态、颜色、特性，再说自己想说的事情。比、兴又常常连用。如《邶风·燕燕》用“燕燕于飞，差池其羽”来营造依依不舍的送别场面，引起后面“泣涕如雨”的感情宣泄；如《秦风·蒹葭》渲染的那种玲珑剔透的氛围："蒹葭苍苍，白露为霜。所谓伊人，在水一方"，诗人的情思与感受于是扑面而来，瞬间把读者引入空灵的世界。"比兴"是中国古典诗歌的重要特征，其影响至今不衰，已经成为中国文化一道亮丽的风景线。

四、《诗经》的注本

历代解《诗经》者颇多，具有代表性的有《毛诗正义》（汉毛亨传，东汉郑玄笺，唐孔颖达疏）、朱熹《诗集传》、陈奂《诗毛氏传疏》、马瑞辰《毛诗传笺通释》。

《诗经》选编

一、咏亲情

【原文】

螽斯[1]羽，诜诜[2]兮。宜尔子孙，振振[3]兮。
螽斯羽，薨薨[4]兮。宜尔子孙，绳绳[5]兮。
螽斯羽，揖揖[6]兮。宜尔子孙[7]，蛰蛰[8]兮。

——《国风·周南·螽斯》

【注释】

［1］螽（zhōng）斯：也叫斯螽，其外表粗看很像蝗虫，别称“蝈蝈”，是一种体形较大的鸣叫昆虫。能够发出声音的只是雄性螽斯，雌性是“哑巴”，但雌性有听器，可以听到雄性的呼唤。因螽斯繁殖力强，故本诗用以比喻人的子女众多。

［2］诜（shēn）诜：同莘莘，群聚的样子。

［3］振（zhēn）振：茂盛的样子。

［4］薨（hōng）薨：象声词，犹轰轰，形容螽斯的齐鸣声、群飞声。

［5］绳（mǐn）绳：延绵不绝的样子。

［6］揖（jī）揖：会聚在一起的样子。

［7］宜尔子孙：本诗之“宜”，有多的意思。尔，你。

［8］蛰（zhí）蛰：多，聚集。

【译文】

蝈蝈张开翅膀，群集低空飞翔啊。你的子孙多又多，家族好兴旺啊。

蝈蝈张开翅膀，飞来往去嗡嗡响啊。你的子孙多又多，世代绵延长又长啊。

蝈蝈张开翅膀，聚集一起挤满堂啊。你的子孙多又多，和和睦睦多欢畅啊。

【点评】

这是祝福子孙众多的乐歌，是“多子多福”观念比较早的记录。早期国家，农耕和渔猎是最主要的生存方式，子孙众多才会带来众多的生活资源和更有力的生活保障。所以祈颂多生子孙，家族繁衍不息，是中国人传统的生命观和文化主旨。本诗还表现出先民取法自然的意识，求子孙，求家族昌盛，不是乞求神灵，而是期盼人如螽斯一样，既普通平凡，又多子多孙，表现出先民们对于大自然生命现象的观察和尊崇，这种特点在《诗经》中表现得非常突出。

【原文】

蓼蓼[1]者莪[2]，匪莪伊蒿[3]。哀哀父母，生我劬劳[4]。

父兮生我，母兮鞠[5]我。拊[6]我畜[7]我，长我育我，顾[8]我复[9]我，出入腹[10]我。欲报之德。昊天罔极[11]！

南山烈烈[12]，飘风[13]发发[14]。民莫不穀[15]，我独何害[16]！南山律律[17]，飘风弗弗[18]。民莫不穀，我独不卒[19]！

——《小雅·谷风之什·蓼莪》

【注释】

[1] 蓼（lù）蓼：又长又大的样子。

[2] 莪（é）：多年生草本植物，即莪蒿，茎直立多分支，开黄绿色小花，外形似青蒿，叶嫩时可吃。因为它抱根丛生，很像几岁的孩童粘着连着父母的情状，所以俗称“抱娘蒿”。

[3] 匪莪伊蒿：匪，同“非”。伊，表示判断，是，这种用法在《诗经》中常见。这句是说自己不如抱娘蒿，而是散生的蒿、蔚。父母养大自己，自己在父母年长时，却因为服兵役远离父母，不能跟父母同住，像父母照顾年幼的自己那样，伴随和服侍父母。匪莪伊蒿，形象地把一个孝子不能行孝的悲痛之情呈现出来了。

[4] 劬（qú）劳：劳累的意思。

[5] 鞠：养育。

[6] 拊：通“抚”，指抚养。

[7] 畜：养活。

[8] 顾：关心，照顾。

[9] 复：返回，指不忍离去。

[10] 腹：指怀抱。

[11] 昊（hào）天罔极：昊天，浩淼的天。罔极：罔，无。极，指准则。

[12] 烈烈：山高大艰险的样子。

[13] 飘风：旋风，暴风。

[14] 发（bō）发：模拟疾速吹刮的大风的声音。

[15] 穀：善。

[16] 害：受害。

[17] 律律：同“烈烈”。

[18] 弗弗：同“发发”。

[19] 卒：终。此处指不能给父母养老送终。

【译文】

看那莪蒿长得高，我非莪蒿是散蒿。可怜我的爹与娘，养我长大太辛劳！

爸爸妈妈生下我，爸爸妈妈喂养我。你们护我疼爱我，时刻不忘养护我，疼我不愿我离开，出入家门怀抱我。想报爹娘大恩德，谁知老天降祸殃！

南山险峻难逾越，狂风凄厉令人怯。大家没有不幸事，独我为何遭此劫？南山高峻难迈过，狂风凄厉人哆嗦。大家没有不幸事，不能养老只有我！

【点评】

原诗六章。此处所选是原诗的第一章和第四、五、六章。

这是一首著名的孝子哀悼父母的悲歌。父母失养亡故，儿子痛不欲生。清人方玉润称为“千古孝思绝作”（《诗经原始》卷十一）。诗中连用“生”“鞠”“拊”“蓄”“长”“育”“顾”“复”“腹”九个动词，充分表达了诗人一片至真至性的情感，后两章以“南山”和“飘风”冷酷无情的情景渲染，抒发孝子对不能给父母养老送终的无比愤恨，景象与心情相互交融，充分表达了诗人一片至真至性的情感，却又给人无比想象的空间。

【原文】

秩秩[1]斯[2]干[3]，幽幽[4]南山。如竹苞[5]矣，如松茂矣。兄及弟矣，式[6]相好[7]矣，无相犹[8]矣。

似[9]续妣祖[10]，筑室百堵[11]，西南其户[12]。爰居爰处，爰[13]笑爰语。

——《小雅·鸿雁之什·斯干》

【注释】

［1］秩秩：水清澈，有波纹的样子。

［2］斯：语助词，犹“之”。

［3］干：音及义都通“涧”，山间流水。

［4］幽幽：远山清幽的样子。南山，即终南山，在西周首都镐京之南，相距数十公里。

［5］苞：丛生。

［6］式：语助词，无实义。

［7］好：友好和睦。

［8］犹：欺诈。

［9］似：同“嗣”。嗣续，犹言“继承”。

［10］妣（bǐ）祖：先妣、先祖，统指祖先。

［11］堵：一面墙为一堵，一堵面积方丈。

［12］户：门。

［13］爰（yuán）：于是。

【译文】

溪水潺潺绕院流，远望南山绿油油。竹子生长一丛丛，松林茂密向天钻。知礼兄长和贤弟，情深义长亲密密，彼此之间无算计。

继承先祖的基业，修建宏伟的建筑，西南方位开门户。家族全都居住此，每天欢声和笑语！

【点评】

《斯干》，这里选取了本诗的前两章，是宫室落成典礼上的咏唱，也是先秦建筑美学认知的充分体现。此处所选，是全诗的开篇。“秩秩斯干，幽幽南山”，一方面是描绘出雄伟建筑的周围环境及地理方位，同时也是展现一种优美的意境，成为后来中国古典诗歌的一个显著特点和审美传统，即，善于营造意境，亦即能将读者带到心旷神怡的境地，享受自然天地之美的浸润。建造房屋，家族团聚，兄弟和睦，嗣续祖先遗风，是中华民族重视家庭建设、重视家族团结意识的充分表达。

【原文】

常棣[1]之华，鄂不韡韡[2]。凡今之人，莫如兄弟。

兄弟阋于墙，外御其务[3]。每有良朋，烝[4]也无戎[5]。

——《小雅·鹿鸣之什·常棣》

【注释】

[1] 常棣：读音及词义都跟“棠棣”相同，这是一种春天开花的植物，也叫郁李、车下李、爵李、雀梅等，果实为红色，比李子略小，像樱桃。

[2] 鄂不韡（wěi）韡：鄂不，读音“胡不”，意思是何不。韡韡，犹炜炜，鲜艳明亮。这句的大意是，春天盛开的棠棣啊，你怎么可以开得如此茂密，如此鲜艳无比？这就像普天之下的人，亲兄弟就要紧密团结在一起。

[3] 兄弟阋（xì）于墙，外御其务：阋，争斗。御，抵抗。务，音及义都是

“侮”。即使兄弟墙内发生口角，遇到外侮，也会不假思索一致对外。这种团结，没有犹豫，出自天然的手足之情，是无私的兄弟之情，这个诗句也成为流传至今的典故成语。

[4] 烝（zhēng）：众多。一说为发语词。

[5] 戎：帮助。

【译文】

棠棣朵朵繁似海，灿烂鲜明为什么？天下之人的情感，最亲不过是兄弟。

兄弟在家闹纷争，一遇外侮共抵御。虽有最好的朋友，关键时刻无暇顾。

【点评】

这里选取原诗中的二章。《常棣》以棠棣花来做比喻，非常形象地描绘和揭示兄弟姐妹之间是一种什么样的亲情。棠棣的花朵是一朵一朵地紧紧挤在一起的，开花时一枝长条从上至下全是花，所以这又多又密的棠棣花树，在盛开时节，会像粉色的云海一样，铺天盖地，把所在之处装扮得分外美丽。这首诗就是用歌颂棠棣花，还有鹡鸰鸟，来比喻兄弟姐妹的亲密关系。

兄弟姐妹关系是“五伦”之一，即五种最重要的人伦关系之一，是值得我们重视和维护的“血浓于水”的亲情。明人程登吉编的《幼学琼林》卷二《兄弟》篇，就是用棠棣和鹡鸰比喻兄弟：“兄弟既翕，谓之花萼相辉；兄弟联芳，谓之棠棣竞秀。患难相顾，似鹡鸰之在原；手足分离，如雁行之折翼。”意思是说：兄弟和睦友爱，就像一朵朵花聚集一起，相映成辉；兄弟都才华横溢流芳于世，就像棠棣花朵相互比试着谁更秀丽。兄弟间患难与共，相互照顾，有如鹡鸰急于寻找离群的同类；手足一旦分离，如同一只雁在有序的飞雁行列中突然折断了翅膀。在这里，“雁行”象征兄弟之间长幼有序，“折翼”比喻兄弟分离或死亡。

《诗经》中还有不少歌颂兄弟情深、家庭和睦、宴享宾客的诗句，都是在强调和睦的人伦关系。重视亲情，重视友情，追求人与人之间团结友爱，和谐相处，守望相助，是中华民族自古以来的优良传统。

二、咏友情

【原文】

燕燕于飞[1]，差池其羽[2]。之子于归[3]，远送于野[4]。瞻望弗[5]及，泣涕如雨。

——《诗经·邶风·燕燕》

【注释】

［1］燕燕：即燕子，古代称玄鸟。此处称燕燕，是重复言说。于飞，飞；于，是虚词，《诗经》中常见的用法。据《史记·殷本纪》及甲骨文等文献记载，殷商远古祖先以玄鸟为图腾崇拜。燕燕于飞句，有学者认为，或许是殷商古歌的遗响。

［2］差（cī）池（chí）其羽：其意思同“参差”，形容燕子张舒其尾翼。

［3］之子于归：之，这、此，是《诗经》中常见的指代词用法，意思是“这个人”。归：第一种意思是出嫁，古代称女子出嫁为归。第二种意思是归返。

［4］野：城外的原野。

［5］瞻：往前看；弗：不能。这句是说，被送之人已经走远了，看不到了。

【译文】

燕子燕子向天飞，翅膀羽毛有短长。好友即将去远方，相送郊野大路旁。瞻望已不见人影，思念泣涕如雨下。

【点评】

《燕燕》，是送别诗，至于送别者为何人，古来众说纷纭，莫衷一是。全诗共有四章，此处仅选其第一章。诗以“燕燕于飞”起兴，带有原始信仰的印记，是《诗经》的特点，也是其特有的价值。其后两章中，继续以“燕燕于飞”起兴，但燕子的形态有变化，分别是“颉之颃之”（指上下飞舞），“下上其音”（指盘旋鸣叫），描写即将分别者心绪翻卷的表征。其“瞻望弗及，泣涕如雨”“伫立以泣”的句子，表现送别者的深情，有“惊天地泣鬼神”之誉，流传千古，影响很大。

【原文】

投我以木瓜[1]，报之以琼琚[2]。匪[3]报也，永以为好也。

投我以木桃[4]，报之以琼瑶。匪报也，永以为好也。

投我以木李[5]，报之以琼玖。匪报也，永以为好也。

——《诗经·卫风·木瓜》

【注释】

[1] 木瓜：果实长椭圆形，色黄而香，蒸煮或蜜渍后供食用。与现在的木瓜不太一样。后文中“木桃”“木李”，据李时珍《本草纲目》考证，都是同一属的植物，其间的差异大致也就像橘、柑、橙之间的差异那样，并不大。另外，今粤桂闽台等地出产的木瓜，全称为番木瓜，供生食，与此处的木瓜并非一物。

[2] 琼琚（jū）：佩玉，美玉为“琼”，下文中“琼玖”“琼瑶”都指美玉。

[3] 匪：非。

[4] 木桃：果名，即楂子，比木瓜小。

[5] 木李：果名，即榠楂，又名木梨。

【译文】

君以木瓜赠予我，我以琼琚作回报。并非为了答谢你，珍重情意永相好。
君以木桃赠予我，我以琼瑶作回报。并非为了答谢你，珍重情意永相好。
君以木李赠予我，我以琼玖作回报。并非为了答谢你，珍重情意永相好。

【点评】

这是一首知名度很高而语句并不复杂的先秦古诗歌，也是现今传诵最广的《诗经》名篇之一。它语言朴素，却音韵流转优美，重叠复沓程度也很高，所以非常适宜歌唱。重要的是，这首诗歌具有非常浓厚的珍重、理解朋友情意的人文意蕴，与“投桃报李”的意思相近，但意境更高，即“君赠我以果，我回赠君美玉”，但我这样做并不是回报，甚至还不足以表达朋友与我之间的笃情厚谊。大家都背诵过李白的“桃花潭水深千尺，不及汪伦送我情”吧？这两首诗的表现手法有区别，可都传达出作者对于友谊、友情的无比珍重啊。

【原文】

岂曰无衣？与子同袍[1]。王于兴师[2]，修我戈矛[3]，与子同仇[4]。
岂曰无衣？与子同泽[5]。王于兴师，修我矛戟，与子偕作[6]。
岂曰无衣？与子同裳[7]。王于兴师，修我甲兵[8]，与子偕行。

——《诗经·秦风·无衣》

【注释】

[1] 袍：长袍，可以看作是披在铠甲外面的斗篷。
[2] 王：指周天子。于：语助词。兴师：起兵。
[3] 戈矛、矛戟：都是指士兵手里的冷兵器。

[4] 同仇：共同对敌。

[5] 泽：内衣，是指穿在铠甲里的内衣。

[6] 作：起。

[7] 裳：一般指下衣，这里是指战裙。

[8] 甲兵：是指铠甲与兵器。

【译文】

谁说我们没衣穿？与你共同穿战袍。君王发兵去交战，修整我那戈与矛，与你并肩对敌顽。

谁说我们没衣穿？与你共同穿战衣。君王发兵去交战，修整我那矛与戟，一起出发去打仗。

谁说我们没衣穿？与你共同穿战裙。君王发兵去交战，修整甲胄与兵器，一起杀敌肩并肩。

【点评】

这是一首激昂慷慨、同仇敌忾的战歌，表现了秦国军民团结互助、共御外侮的高昂士气和乐观精神。此诗与《诗经》里其他涉及战争的诗歌颇有不同，充分表现出秦地民众的气概和勇力，对于唐代边塞诗歌创作的影响较大。成语“同仇敌忾”“袍泽之谊”，与此诗颇有渊源。

【原文】

伐木丁丁[1]，鸟鸣嘤嘤[2]。出自幽谷，迁于乔木。嘤其鸣矣，求其友声。相[3]彼鸟矣，犹求友声。矧[4]伊[5]人矣，不求友生？神之听之[6]，终和且平[7]。

——《小雅·鹿鸣之什·伐木》

【注释】

［1］丁（zhēng）丁：伐木的声音。

［2］嘤嘤：鸟叫的声音。

［3］相：审视，端详。

［4］矧（shěn）：况且。

［5］伊：是，这。

［6］神之听之：慎重地听从。神，慎。听，从。

［7］终……且……：既……又……

【译文】

林中伐木铮铮声，群鸟嘤嘤在和鸣。鸟儿出自深谷里，飞往高高大树顶。嘤嘤鸣叫响长空，求得好友和知音。

仔细端详那小鸟，尚且求友求亲近。何况我们这些人，岂能不知重友情。天理人情慎听从，相亲相爱享和平。

【点评】

这里选取原诗第一章。《伐木》本是宴飨上赞颂慷慨施舍的歌唱，强调无论长幼和亲疏（即诗中所谓“诸父”“诸舅”和“兄弟”），都应互相友爱。这种类似博爱的思想充斥整个诗篇，可以说是全诗旨归所在。此处所选，是诗的开篇，这里所模拟的伐木声、鸟儿鸣叫声，以及鸟儿的成群飞翔乔迁，构成了绘声绘色、意趣盎然的图景，寄托了诗歌对人伦应有和谐的向往和追求。

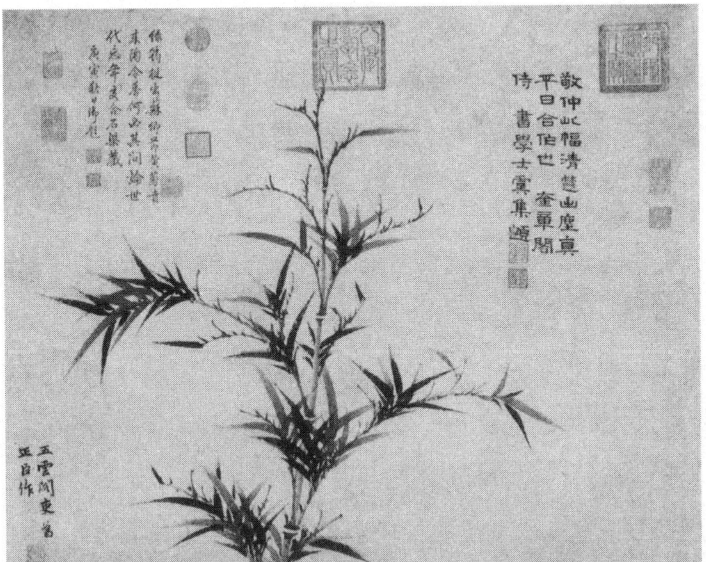

三、咏君子

【原文】

瞻彼淇奥[1]，绿竹[2]猗猗[3]。有匪[4]君子，如切如磋，如琢如磨[5]。瑟兮僩兮[6]，赫兮咺兮[7]。有匪君子，终不可谖兮[8]。

——《国风·卫风·淇奥》

【注释】

[1] 淇：淇水，源出河南林县，东经淇县流入卫河。奥（yù）：河边弯曲的地方。

[2] 绿竹：据《水经注·淇水》，汉代之前，淇水岸边多有绿竹。

[3] 猗（yī）猗：长，竹林茂盛的样子。

[4] 匪：通"斐"，文采飞扬的样子。

[5] 切、磋、琢、磨：本义是指对于珍贵玉石骨器的细致加工，此处引申为在学问和道德上，钻研深究，专心、专注、细致，如同加工骨器、象牙、玉石一般，精雕细琢。

[6] 瑟：仪容庄重。僩（xiàn）：神态威严。

[7] 赫：显赫。咺（xuān）：有威仪貌。

[8] 谖（xuān）：忘记，此句意思是，相貌堂堂、文质彬彬的君子，令人难忘。

【译文】

看那淇水弯又弯，碧绿竹林片片连。文采飞扬真君子，学问切磋好精湛，品德琢磨成大器。神态庄重胸怀广，地位显赫很威严。文质彬彬真君子，令人永远难忘记。

【点评】

《淇奥》全诗分三章，此处选用的是第一章。

据《毛诗序》,《淇奥》是赞美卫武公之德的篇章。卫武公，即卫国的武和，生于西周末年，曾经担任过周平王（前770—前720年在位）的卿士。史传记载，武和九十多岁了，还是谨慎廉洁从政，宽容别人的批评，接受别人的劝谏，因此很受人们的尊敬，人们作了这首《淇奥》来赞美他。我们也可以把《淇奥》看成是对形容端庄、富有才学之君子的赞歌，其中“有匪君子”，是泛指周王朝时代品德高尚的士大夫。

诗歌起于对绿竹的描写，有颜色、有形态。然后描写君子，君子形态端庄、相貌堂堂、文武兼备、收放自如。诗中一些句子，如“如切如磋，如琢如磨”成为日后人们称许某种品德或性格的词语，影响深远。

【原文】

风雨凄凄，鸡鸣喈喈[1]。既见君子，云胡不夷[2]。
风雨潇潇[3]，鸡鸣胶胶[4]。既见君子，云胡不瘳[5]。
风雨如晦[6]，鸡鸣不已。既见君子，云胡不喜。

——《国风·郑风·风雨》

【注释】

[1] 喈（jiē）喈：拟声词，鸡鸣声。

[2] 云胡不夷：云，语助词。胡，何。夷，平，指心中平静。

[3] 潇潇：风雨声。

[4] 胶胶：鸡鸣声。

［5］瘳（chōu）：病愈，此处有心情变好的意思。

［6］晦：黑夜。

【译文】

窗外风雨凄，鸡鸣声声急。乱世之时见君子，心中怎不得安宁。

窗外风雨潇，鸡鸣声声绕。乱世之时见君子，心病怎会不痊愈。

窗外风雨如暗夜，鸡鸣声却不停歇。乱世之时见君子，怎不心旷又神怡。

【点评】

据《毛诗序》解释，《风雨》乃乱世之中思念君子之歌咏。赞美只有真君子，才会在“风雨凄凄”“风雨潇潇”“风雨如晦”的乱世，在“鸡鸣”这个光明与黑暗的交替时机，坚守君子的做人原则，不改气节。古今许多士人君子，承续《毛诗序》的思路，常以虽处“风雨如晦”之境，仍要“鸡鸣不已”自励。酷爱文学创作的南朝梁简文帝，被叛贼侯景囚禁时期，在无纸无笔的困境下，题文壁上，“有梁正士兰陵萧世讃，立身行己，终始如一，风雨如晦，鸡鸣不已。弗欺暗室，岂况三光？”唐晚期诗人李频在《府试风雨闻鸡》中，直称“鸡鸣”之德：“不为风雨变，鸡德一何贞。在暗长先觉，临晨即自鸣”，继之点明风雨中的“鸡鸣”，乃是“君子情”！抗日战争时期，徐悲鸿先生创作“风雨鸡鸣图”，画中一只雄鸡站在山岩上扬首高唱，四周天色昏暗犹如晦日的夜晚。徐悲鸿先生在画的左上角所题之字，就是《风雨》的最后一章。这种不惧黑暗、自强不息的民族精神，读之令人振奋不已。

【原文】

宛[1]彼鸣鸠[2]，翰[3]飞戾天[4]。我心忧伤，念昔先人[5]。明发[6]不寐，有怀二人。

题彼脊令[7]，载飞载[8]鸣。我日斯[9]迈，而月斯征[10]。夙兴夜寐，毋忝[11]尔所生[12]。

温温[13]恭人[14]，如集于木[15]。惴惴[16]小心，如临于谷。战战兢兢，如履薄冰。

——《小雅·节南山之什·小宛》

【注释】

[1] 宛：小小的样子。

[2] 鸣鸠（jiū）：指斑鸠，一种短尾鸟。

[3] 翰：振翅飞翔。

[4] 戾（lì）：至，到达。戾天，犹说“摩天”。

[5] 先人：死去的祖先。

[6] 明发：天亮，还有一种解释，指醒来。

[7] 脊（jǐ）令（líng）：鸟名，也写作“鹡鸰”，麻雀科的候鸟，长脚，长尾，尖嘴，飞则鸣叫，行走时则尾羽摇摆。张华《禽经注》：“鹡鸰共母者，飞鸣不相离，诗人取以喻兄弟相友之道。”大意为，同一个母亲所生的鹡鸰鸟，在飞鸣时相互依偎，故诗人常以此鸟比喻兄弟相互爱护、保护的道理。《常棣》篇有“脊令在原，兄弟急难；虽有良朋，况也永叹”的名句，大意是，在急难时只有兄弟相救，至于朋友，最多只是长叹罢了。

[8] 载（zài）：则、且。

[9] 斯：乃、则。

[10] 迈、征：前行，远行。此句大意是，我要出征，将日积月累地远行。

[11] 忝（tiǎn）：辱没。

［12］所生：指父母。

［13］温温：和柔的样子。

［14］恭人：谦逊谨慎的人。

［15］如集于木：像鸟之集于树木，惧怕坠落。

［16］惴（zhuì）惴：恐惧而警戒的样子。

【译文】

小小斑鸠鸟，展翅飞天上。我心满忧伤，怀念我祖先。直到天明未入睡，又把父母来思念。

鹡鸰相携飞，一齐在歌鸣。辛劳去出征，日夜在远行。起早贪黑不停歇，不辱父母的英名。

温和谦恭人，心中总谨慎。翼翼又小心，如临深谷旁。心惊胆战太安宁，如踩薄冰恐沦丧。

【点评】

《小宛》共六章，此处选其第一章、第四章、第六章，意在介绍关于修身的两句名言，即“夙兴夜寐，毋忝尔所生”和“战战兢兢，如履薄冰”。这是一首父母离世后劝告兄弟小心避祸乱世需谨慎的篇章，主要旨意在于“敬”和“慎”。作者恪守着父母的教诲，终日为国事或家事操劳奔波，力图维系家门的传统。但由于受到社会上各种邪恶势力的威逼和迫害，已力不从心。思前想后，感慨万端，因而写出了这首忧伤交织的抒情诗。

作者在表达自己的思想、抒发自己的感情时，虽然是以诉说为主，但并不是平铺直叙、直来直往，而是采取了意味深长的比兴手法，使读者感到作者的每章诗意都是在因物起兴、借景寄情。如第一章以斑鸠的鸣叫、翰飞、戾天来反衬他处境的艰难和内心的忧伤；第六章连用三个“如”字，把自己“惴惴小心”“战战兢兢”的心境描绘得形神兼备，真切感人。作者的感情是沉重的，但表现得却十分活脱、鲜明和生动，这在雅颂作品中也是别具特色的。诗篇是乱世心态的记录，反映了对世道衰败、人心险恶的警惕和恐惧，以及洁身自好、努力修德、自求多福、不辱祖先英名的自我勉励。

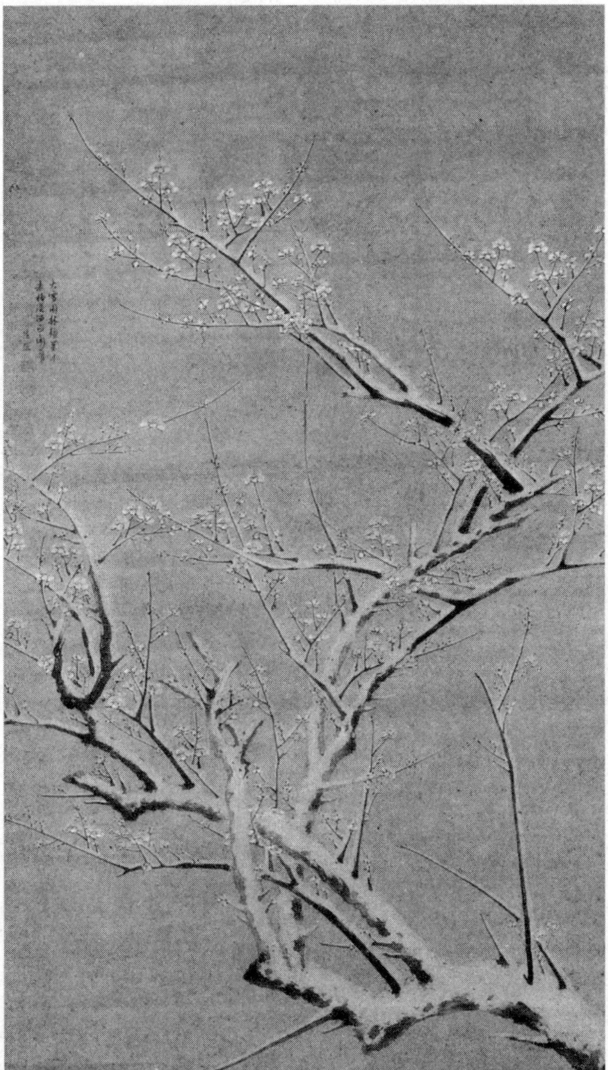

四、咏德治

【原文】

呦呦[1]鹿鸣，食野之苹[2]。我有嘉宾，鼓瑟[3]吹笙[4]。
吹笙鼓簧[5]，承筐[6]是将[7]。人之好我，示我周行[8]。

——《小雅·鹿鸣之什·鹿鸣》

【注释】

[1] 呦（yōu）呦：鹿的鸣叫声。

[2] 苹：据三国陆玑《毛诗草木鸟兽虫鱼疏》，这种苹，为赖蒿，青色叶子，茎像筷子且轻脆，可生食。

[3] 瑟：古代弦乐，“八音”中属“丝”，制作木材很讲究，要用轻柔、质地细腻而均匀、共振性好的桐木。

[4] 笙：古代吹奏乐，属“八音”之“匏”。据曾侯乙墓出土的实物，其形制是用挖空的葫芦做音斗，然后在音斗上下打可以对穿的圆孔，插入笙管，管的头要从音斗下露出；管中装有可以发声的芦竹做的簧片。一个笙斗上可以插数量不同的管。

[5] 簧：笙管中震动发声的芦竹片。此处代指笙。

[6] 承筐：指奉上礼品。承：奉送。筐，指盛币帛的竹木编织容器。

[7] 将：送，献。

[8] 周行（háng）：从西周之地通向各地的大道，引申为大道、正道。

【译文】

一群小鹿呦呦鸣，在那原野食蒿苹。嘉宾大驾来光临，奏瑟吹笙款待您。

一吹笙管振簧片，奉上帛币礼周到。人们待我真友善，礼乐大道乐陶陶。

【点评】

《鹿鸣》是《诗经·小雅》开端诗篇，也就是常说的“四始”诗之一。全诗共六章，此处选第一章和第二章。

这是一首款待嘉宾的乐歌，也是反映西周礼乐治国时期，基本的宴请风貌。第一，据记载，周人宴享之礼，在迎宾之后，先有奉帛赠送宾客，继而有歌乐中的酒食尽欢，最后有鼓乐齐鸣的合乐。《鹿鸣》正是反映了这种古礼的基本过程。第二，《鹿鸣》没有宴饮活动的具体内容，它歌唱主人的敬客，嘉宾的懿德，以及宴享活动对人心的维系作用，反映出宴请的重要旨意，在于沟通和融洽本族人群、异族人群之间的感情，这也是《诗经》所描写的礼乐治国的基本特征。第三，“呦呦鹿鸡”的起兴，清新质朴，意趣盎然，颇有意境。东汉末年曹操作《短歌行》，还引用了此诗首章前四句，表示了渴求贤才的愿望，说明千余年后此诗还有一定的影响。第四，依据朱熹《诗集传》的说法，此诗原是君王宴请群臣时所唱，后来逐渐推广到民间，在乡人的宴会上也可唱，可见迎来送往，热情好客，乃至化干戈为玉帛，是先民们对于和谐人际关系、各种人群和平相处的普遍向往、共同追求。

【原文】

民亦劳[1]止[2]，汔可小康[3]。惠[4]此中国[5]，以绥[6]四方。无纵诡随[7]，以谨[8]无良[9]。式遏寇虐[10]，憯不[11]畏明。柔远[12]能迩，以定我王。

——《大雅·生民之什·民劳》

【注释】

［1］劳：劳苦，苦痛。

［2］止：语气词。

［3］汔（qì）：希求。小康：稍微安定的生活。“小康”一词，始见于此。

［4］惠：施行安稳社会人心的仁义政治。

［5］中国：指京师，周王朝直接统治的地区，也就是“王畿”，是周王朝京城及周边地区，也是相对于四方诸侯国而言。

［6］绥（suí）：安。

［7］纵：放纵。诡随：诡诈欺骗。

［8］谨：指谨慎提防。

［9］无良：坏人坏事。

［10］式：发语词。遏：遏制。寇虐：侵盗暴虐的人和事。

［11］憯（cǎn）不：曾不，一点也不。明：法度。

［12］柔远：安抚远近。能：读如“宁”，其义同“柔”，亲善。

【译文】

民众实在太劳苦，但求可以稍安康。仁义政治行京城，诸侯效仿定四方。诡诈欺骗不纵容，谨防小人行不良。掠夺暴行须遏制，警惕暴徒坏规章。远近人民都安抚，定我江山保我王。

【点评】

这是对新从政者的告诫诗篇。全诗共五章，此处选第一章。全诗语气凝重，是通达国家治理的老臣的口吻。告诫新一代的从政者，如果想江山稳定，务必注意保护百姓。安顿疲惫的民生，要从王朝中心做起。要防范邪恶势力，既要安抚京城百姓，更要能够怀柔远方。诗篇反映出宗周社会，从开国盛世，逐渐走向衰落的开始。

【原文】

维[1]天之命，於穆不已[2]。
於乎，不显文王[3]，之德之纯[4]。
假以溢我[5]，我其收之。
骏惠[6]我文王，曾孙笃之[7]。

——《诗经 · 周颂 · 维天之命》

【注释】

[1] 维：语助词。

[2] 於（wū）穆：多么的幽深、肃穆啊。於：叹美之词。《诗经》常见。穆：深邃、幽深。不已：不止。指天道运行无止。

[3] 不（pī）：借为“丕”，大。显：光明。

[4] 之德之纯：言德之美。纯，大，美。这句是说，大德好纯美。

[5] 假以溢我：以嘉美之道戒慎于我。假，通“嘉”，美好。溢，此处是赏赐的意思。收：受，接受。

[6] 骏惠：大惠。此句是倒装句，意思是，文王骏惠（赐大恩惠）于我。

[7] 曾孙：周王在祖先神灵面前自称曾孙，指自己是文王的后代子孙。笃：厚，忠实。此处指笃行，行事一心一意。

【译文】

天之命啊天之命，幽深肃穆从不停。祖先文王啊好德行，又纯又美多光明。嘉美之德赐予我，我当永远要继承。文王修德我受惠，后代子孙永力行。

【点评】

《周颂 · 维天之命》是《诗经 · 周颂》的第二篇，是颂扬文王能够敬天以修德，敬天以治国的篇章，全诗充满了恭敬之意、颂扬之辞。诗篇历来受重视的是

开头两句 :“维天之命，於穆不已”，这两句常在其他儒家经典中出现，是对儒家天人合一思想的表达。

【原文】

明昭有周[1]，式序在位[2]。载戢干戈[3]，载櫜[4]弓矢。我求懿德[5]，肆于时夏[6]，允王保[7]之。

——《诗经·周颂·时迈》

【注释】

[1] 明昭：彰显。有，语助词。“有周”常常连用，指宗周。

[2] 式：结构助词，无实义。序：顺序，依次。序在位：是说周王后代按照顺序连续做王。

[3] 载：犹“则”，于是，乃。戢（jí）：收藏。干，盾。干戈：泛指兵器。

[4] 櫜（gāo）：古代盛衣甲或弓箭的皮囊。此处用为动词。此两句指周武王偃武修文，不再用兵。

[5] 我：周人自谓。懿（yì）德：美德，指文治教化。

[6] 肆：施，陈列，此处指把美好的德行广布天下。时：是，这，此。夏：中国。指周王朝所统治的天下。

[7] 保：指保持天命、保持先祖的功业。

【译文】

无比荣光大宗周，父子按序来做王。收起干戈和兵甲，强弓利箭装入囊。讲求美好的道德，遍施中国各地方。周王永保国兴旺！

【点评】

《时迈》是武王克商后告祭上天、告慰百神的乐章。全诗先言姬姓王朝的八面威武，继而宣告天下：宗周战胜殷商王朝，建立起一个不同的天朝大国，这个由姬姓领导的国家，即将偃武修文，建立礼乐文明制度，以德治国，以刑辅之，“我求懿德，肆于时夏。”宣示“懿德”政治，颇有开国宣言的意思。与此同时是封建的实施，七十多个诸侯受封，其中除五十多个周贵族之外，异姓也被封建，例如尧舜的后裔，也都得到生存的空间，甚至殷商遗民也有一部分被封建到宋国去。从此，林林总总的人群就这样在政治上得到安顿。华夏百姓从此走上和平政治的方向。这里选取的是《时迈》中的最后一部分。

【原文】

敬之敬之[1]，天维显思[2]，命不易[3]哉。无曰[4]高高在上，陟降厥士[5]，日监在兹[6]。

维予小子[7]，不聪敬止[8]。日就月将[9]，学有缉熙于光明[10]。佛时仔肩[11]，示我显德行[12]。

——《诗经·周颂·敬之》

【注释】

[1] 敬：通“儆”，警戒，敬畏。之：语气词。

[2] 维：是。显：明察，明白，清楚。思：语气词。

[3] 命：天命，天的意志。不易：不容易。此句指获得天命和保持有天命，很不容易。

[4] 无曰：不要以为。

[5] 陟（zhì）降：升降。《尔雅》：“陟，升也。”厥：其。士：通“事”，士、事，古代通用。这句是说：上天掌握各种大事的升降变化。

[6] 日：每天。监：察，监视。兹：此，指人间。

[7] 小子：年轻人，周王自称。

[8] 不：敢不。聪：听从。据马瑞辰《毛诗传笺通释》解释：“谓听而警戒也。承上‘敬之敬之’而言。”止：为语词。

[9] 日就月将：意思是日积月累。就：成就。将：进。

[10] 缉熙：积累光亮，喻掌握知识渐广渐深。缉，同绩，积。熙：本义为曝晒、晒干；由晒（太阳照射）引申为光明、明亮。缉熙，这里是动词，指渐积广大以至于光明。

[11] 佛（bì）：通“弼”，辅助。时：通“是”，这。仔肩：责任。

[12] 示我显德行：显，显明。言指示我以显明的德行。

【译文】

要敬畏啊要敬畏啊，头上苍天全明白，保有天命不容易。不要以为王在上，大王之上有苍天，每日监管王所为，上升下降他说了算。

周王我年幼初登基，敢不听从天意来警戒？日积月累修品德，美德指我向光明，敬请辅我担大任，向我明示治国好德行。

【点评】

此篇是新一代周王登基典礼上，君臣对答的歌唱。这位新一代周王，一说是周成王，一说是周穆王。诗的前一部分六句，是大臣对继嗣君王的告诫之词；后六句是登基君王的答词。整篇诗歌充分表现出宗周早期姬姓王朝敬天修德以治理国家的思想。

《尚书》

《尚书》概论

《尚书》，最早书名为《书》，后加入“尚”字，改称《尚书》，意思是“上古之书”。因其是儒家五经之一，又称《书经》。《尚书》是我国第一部上古档案文献和部分追述古代事迹著作的汇编，所涉及的时代，上起唐虞，下讫春秋前期，为期至少1300多年（前2000年左右至前7世纪）。其最早的原始文件，当属《盘庚》篇，距今已经有3300多年了。《尚书》是我们现在了解和研究夏商周历史最重要的文献依据之一。《礼记·经解》：“疏通知远，《书》教也”，意思是《尚书》教育的旨归，在于知晓以往的历史，并能够以史为鉴，预知历史未来的走向。《尚书》收存了我国早期国家治国理政的原始文件，记录着那个时期中国逐步走向“礼乐文明”的历史轨迹。虽说因为文字古奥难懂，但面对这部一路坎坷，却能够还算是“完璧”，难道不值得我们满怀自豪地阅读一二？

一、《尚书》的成书

《尚书》成书于何时，为何人所编定，由于资料缺乏，现在已经很难详考其究竟。据汉代的学问家说，这部书由孔子所编定，并且选取了一百篇作为教材。然而，这个说法自宋代以来就屡遭怀疑。比较通达的看法是，作为一部历史文献汇编，《尚书》既不写定于一时，也非出于一人之手，而是经过很长时期的汇集和流传，将早期国家的档案文献，代代保存、世世传承，到春秋战国时才定型成书。

二、《尚书》的流变

因为多种原因，《尚书》的版本和内容经历了多次曲折离奇的变化，是儒家经典中“身世”最为坎坷的一部书。现在通行的《十三经注疏》本《尚书》，是《今文尚书》和伪《古文尚书》的合编本，其中内容的辨伪和厘清，在中国古籍讼案中，是历时最长、“涉案”人数最多、“涉案”者大多无法对质的，最富有传奇色彩的一部古书。学界比较一致的看法是，《十三经注疏》本《尚书》，有 25 篇伪作（加上书序共 26 篇），所余 33 篇（现通行本基本都依据内容合并为 28 篇），则是可靠的殷周档案文献。

需要特别说明的是，对于 25 篇伪作，因为它们都出于晋代，在研究历史及考证、训诂方面，也还是具有相当的价值的，是值得重视的，还是可用的资料。

今天我们还能够读到可靠真实的 28 篇《尚书》，必须对于几千年来前赴后继，不绝如缕的有担当、有见识、有情感的古籍文献整理者，表示无比的敬意和深深的致谢！正是由于他们不懈的坚持，精益求精、去伪存真的科学精神，才使得中华民族的文脉，赓续不绝，流传至今，珍存至今（后附有 28 篇篇目）。

三、《尚书》体例及主要内容

《尚书》记事内容，上起原始时代的尧舜时期，下到春秋时期的秦穆公为止。

按体例来说，《尚书》为记言记事体例，“皆典、谟、训、诰、誓、命之文”，“典”是重要史实或专题史实的记载；“谟”是记君臣谋略的；“训”是臣开导君主的话；“诰”是勉励的文告；“誓”是君主训诫士众的誓词；“命”是君主的命令。这些是《尚书》的主体体例。

按时代分类来说，《虞夏书》有远古文献的影子，但基本是后人根据传说整理或改写而成的。《商书》和《周书》各篇，大部分是当时的作品，非常珍贵。也有一些篇目写成于春秋战国时期。

作为我国最古老的历史文献，《尚书》对于我们了解远古、上古文明的意义，可以体现在诸多方面。比如，中国地理学、气象学研究的开拓者，也是中国科学史研究事业的奠基人竺可桢先生，1926 年在《科学》杂志第 11 卷第 12 期发表《论以岁差定〈尚书·尧典〉四仲中星之年代》一文，提出《尧典》记载的四仲中星，盖殷末周初之现象，在自然科学史界引起了很大的反响。因为竺可桢先生对中国古籍文献的深厚造诣，才会有《二十八宿起源之时间与地点》

《中国五千年来气候变迁的初步研究》等这些重量级论文，都在世界学界产生了巨大的反响，更是用古文献无可辩驳地论证了中华民族在人类历史发展中的地位和作用。

古代注释和研究《尚书》的著作很多，代表性的有唐孔颖达的《尚书正义》，宋蔡沈的《书集传》，清段玉裁的《古文尚书撰异》、孙星衍的《尚书今古文注疏》等。

附：

真实可靠《尚书》篇目总览

虞书	尧典（含舜典）、皋陶（yáo）谟（含益稷）
夏书	禹贡、甘誓
商书	汤誓、盘庚、高宗肜（róng）日、西伯戡黎、微子
周书	牧誓、洪范、金縢、大诰、康诰、酒诰、梓材、召诰、洛诰、多士、无逸、君奭、多方、立政、顾命（含康王之诰）、吕刑、文侯之命、费誓、秦誓

《尚书》选编

《尚书》虽然在年代上分为虞夏商周四个时期，来记录重要帝王和大臣的言行，但其核心理念，集中在“以德治国”上。书中对君王提出了大国统治者应该具有的德性修养和领袖气度。首先要敬畏天命，要有很高的德治修养，达到德能配位；其次对内要能够安抚民众，教化民众，用人伦秩序，稳定社会；对于周围邻国，要能够和谐相处。“以德治国”“德主刑辅”作为政治理念和统治措施，贯穿《尚书》始终，并对后世的政治制度产生了非常深远的积极影响。无论历史如何变化，但以史为鉴、敬德保民、明德慎罚、协和万邦，始终是中国政治制度史中不易的主旋律。鉴于《尚书》的内容特点，以及阅读者的接受程度，在此不再分细目，选取三段有代表性的内容，以供少儿读者简要了解《尚书》。

【原文】

曰若[1]稽[2]古，帝尧曰放勋[3]，钦明文思安安[4]，允[5]恭[6]克[7]让，光被[8]四表，格[9]于上下[10]。克明峻[11]德，以亲九族[12]。九族既睦，平[13]章[14]百姓[15]。百姓昭明，协和万邦。黎民于变时雍[16]。

——《尚书·虞书·尧典》

【注释】

[1] 曰若：语气词，表示发语的口气，无实际意义。这种语气词是《尚书》所特有的，常用在追叙往事的开端。

[2] 稽：考察。

[3] 放勋：马融云：“放勋，尧名。”

[4] 钦：处事敬慎并且节约用度。明：明察。安安：温和，宽容。

[5] 允：确实，的确。

[6] 恭：恭谨。

[7] 克：能够。

[8] 被：覆盖。

[9] 格：到达。

[10] 上下：此处指天和地。

[11] 峻：品德才能超过一般人。

[12] 九族：《孔疏》：上至高祖，下及玄孙，是为九族。即高祖、曾祖、祖、父、自己、子、孙、曾孙、玄孙。

[13] 平：意为分辨。《史记·五帝本纪》作“便”，《史记索隐》作“辩”，《后汉书·刘恺传》引作“辨”。

[14] 章：彰明。

[15] 百姓：即百官。

［16］雍：和睦。本句是说，民众也就更加融洽了。

【译文】

我们考查古代传说中的帝尧，他的名字叫放勋。他处理政务敬慎节俭，明达、文雅、有谋略而且温和，他确实对人恭敬，能够让贤，他的光辉普照四方，到达天上地下。他能发扬伟大的才智和美德，使家族亲密和睦。家族和睦以后，又辨明百官的职责范围。百官的职守都清楚了，又使各诸部落协调和顺，天下众人从此也就友好和睦了。

【点评】

尧，相传是我国原始社会后期著名的氏族首领，名叫放勋，属于陶唐氏，所以又称唐尧。本篇是后代史官追叙尧事迹的史书，成书年代不可考，大约在周初秦汉之间。

上下和睦，百姓安居乐业是儒家的理想社会。这段话颂扬帝尧的功德，强调为政者的领导力，首要的是具有营造“和谐”氛围的能力。

【原文】

西伯既戡黎[1]，祖伊恐，奔告于王。

曰：“天子！天既讫我殷命[2]。格人元龟[3]，罔敢知吉。非先王不相[4]我后人，惟王淫戏用自绝。故天弃我，不有康食[5]，不虞[6]天性，不迪率典[7]。今我民罔弗欲丧，曰：‘天曷不降威？’大命不挚[8]，今王其如台[9]？”

王曰：“呜呼！我生不有命在天？”

祖伊反，曰：“呜呼！乃罪多参在上[10]，乃能责命于天[11]？殷之即丧，指乃功[12]，不无戮[13]于尔邦！”

——《尚书·商书·西伯戡黎》

【注释】

［1］西伯指周文王。戡的意思是战胜。黎是殷王朝的属国，在今天山西长治境内。全篇记述周文王战胜黎国之后，殷朝贤臣祖伊为殷朝安危担忧，向殷纣王进谏，规劝他改弦更张，但遭到了纣王的拒绝。

［2］既：恐怕。讫：终止。

［3］格人：能知天地吉凶的人；元龟：大龟，用于占卜。

［4］相：帮助，辅佐。

［5］康食：安居饮食。

［6］虞：猜测。

［7］迪：遵循。率典：常法。

［8］挚：至，到来。

［9］台：何，什么。此句意为，大王您现在想怎么办？

［10］参：到。上：指上天。

［11］乃：难道。责：祈求。

［12］指：示，看。乃：你的。功：事，政事。

［13］戮：杀，消灭。

【译文】

周文王战胜黎国之后，祖伊非常恐慌，急忙跑来告诉殷纣王。

祖伊说：“天子啊，上天恐怕要断绝我们殷商的国运了！那善知天命的人用大龟来占卜，觉察不到一点吉兆。这不是先王不力助我们这些后人，而是因为大王淫荡嬉戏自绝于天。因此，上天抛弃了我们，不让我们安居饮食，大王不测度天的意志，不遵循祖先的规范，现在我们的臣民没有谁不希望殷国灭亡，他们说：‘上天为什么还不降下威罚呢？’天命不再属于我们了，大王现在打算怎么办呢？”

纣王说：“啊！我生在世上就是君主，这种命运难道不是早就由上天决定了吗？”

祖伊回去，说道：“啊！您的过错太多，都罗列到天上了，难道还能祈求上天的福佑吗？怎么能够责备天呢？殷的趋于灭亡，全都是由于您的过错造成的，这样下去，您的国家不会不灭亡的！”

【点评】

殷纣王是中国历史上有记载的、继夏桀之后的第二个有名的暴君。据说纣王本来并不是个等闲之辈，自幼便才思敏捷，能言善辩，而且体格魁梧，力大无比，可以把九头牛拉着向后退，单手托住宫殿大梁让人从容换掉梁柱而面不改色。他登上王位之时，也有过风调雨顺、国泰民安、四夷拱手、八方臣服的好风光，曾号令天下八百诸侯。他的弱点在于好色、奢侈、残暴。他在宠妃妲己的怂恿下，制造了刑具“炮烙”，筑“酒池肉林”取乐，恶行昭著。

周文王攻打下黎国，本已经是给商纣王敲响了重重的警钟，祖伊更是犯颜直谏，但他仍执迷不悟，认为“生有命在天”，生来就是做国王的，谁也把他怎么着不了。最后武王伐纣，纣王自焚而亡。本文着重在用事实说明一个道理：德不配位，必遭灭亡。

【原文】

"文王诰教小子、有正、有事[1]：无彝酒[2]。越庶国[3]饮，惟祀，德将[4]，无醉。惟曰：'我民迪小子惟土物爱[5]，厥心臧[6]，聪听祖考之彝训[7]，越[8]小大德，小子惟一[9]。'"

——《尚书·周书·酒诰》

【注释】

[1] 小子：指文王的后代子孙。有正：指大臣。有事：指小臣。

[2] 无：不要。彝：经常。

[3] 越：和。庶国：指在诸侯国任职的文王子孙。

[4] 将：扶助。德将：以德相助，用道德来要求自己。

[5] 迪：开导，教育。小子：指臣民的子孙。土物：庄稼，农作物。爱：爱惜。

[6] 臧：善。

[7] 聪：听觉敏锐。祖考：指文王。彝训：遗训，一般指长辈对后辈教诲的话。

[8] 越：发扬。

[9] 惟一：同样。

【译文】

"当年文王曾经告诫那些年轻人以及主管长官和一般的官员们，让他们不要常饮酒。诸国的人要是喝酒，只有在祭祀时才喝些，并且在饮酒的时候，要以德行来约束自己，不要让自己喝醉。文王还告诫说：'我的臣民及其子孙要经常想着土地上生长的庄稼是应当爱惜的，他们的心地应当善良，要很好地听取前辈所留下的经验和教训，不管小事，或是大事，年轻人都应当表现出始终如一的正确态度。'"

【点评】

《酒诰》是《周书》八诰之一，具有非常重要的价值，这也是中国第一篇禁酒令。

《酒诰》是周公借传达先王文王的命令，要求康叔在卫国宣布戒酒的告诫之辞。周初三监之乱后，西周在殷商故都朝歌（今河南淇县），建立卫国。周公的弟弟康叔因为协助平定叛乱有功，被封为卫国第一任国君。因为殷商贵族嗜好喝酒，王公大臣酗酒成风，荒于政事。周公担心这种恶习的延续会造成大乱，所以让康叔在卫国宣布戒酒令，不许酗酒，规定了禁酒的法令，要求年轻人及大小官员，只有在祭祀时才可以喝酒，喝酒时也要注意时刻约束自己的行为，不得醉酒，不得逾越规矩。

《周礼》

《周礼》概论

一、《周礼》成书与流变

《周礼》原名《周官》，又名《周官经》《礼经》，是儒家经典“十三经”之一，相传为周公旦所著，实则成书于西汉景帝、武帝之际，是一部有关周王室官制和战国时期各国社会制度及礼义、礼法的文献，囊括了当时社会的政治、经济、文化、教育、军事、法律等领域的典章制度，体现了周代设官分职的宗法制度与政治权力制度的种种内涵。东汉郑玄为《周礼》作注之后，经学家尤为注重“三礼”之《周礼》，《周礼》一度位居“三礼”之首。

西汉景帝时，河间献王刘德从民间得《周礼》《仪礼》和《礼记》等古文书并献于朝廷，由于当时礼学今文学派排斥古文经籍，故《周礼》并未得到朝廷的重视，而是被藏于秘室，当时的知名经学家高堂生、萧奋、后苍、戴德、戴圣等亦无从得见此书。至汉哀帝时，刘歆受命校理朝廷秘书方得以发现此书，并将其著录于《七略》。及至王莽当政，《周礼》开始得到前所未有的尊崇与重视，并被钦定为“经”，且设置博士专门讲授。东汉初年，刘歆弟子杜子春大兴《周礼》

之学，郑兴、郑众父子、贾逵、卫宏、马融等经学家皆为《周礼》解诂。东汉末年，郑玄遍注“三礼”且极为推崇《周礼》，认为《周礼》乃周公所做官制之法，此后《周礼》位居三礼之首。

汉魏之际，在经学转向玄学的学术动变中，郑玄之“三礼注”依然兴盛。曹魏后期，王肃所撰《周礼注》与郑《注》不相上下。南北朝时，北朝后期《周礼》学兴盛。唐高宗时，贾公彦所撰《周礼注疏》较为突出。北宋时，王安石所撰《周官新义》一度成为科考取士的标准。清代治“三礼”学则空前繁盛，有关《周礼》的研究著述最为知名的当数孙诒让的《周礼正义》，此书堪称集前人《周礼》研究之大成。

关于《周礼》作者与成书年代，学界历来众说纷纭，总的来说，大致有七种说法：其一，《周礼》乃周公所作说。此说始于西汉古文学派刘歆，后来郑玄与很多儒者力主此说。其二，战国学者所作说。首倡此说的是东汉的今文学派学者林孝存、何休，现代学者钱穆、郭沫若等亦持此说。其三，刘歆伪造说。此说由宋人开其端。宋代胡安国、胡宏、洪迈，清末廖平，近代康有为、钱玄同等均主此说。其四，东周人所作说。现代学者洪诚、金景芳等持此说。其五，春秋人所作、汉代人有所增损说。现代学者刘起釪等持此说。其六，周秦之际儒者所作说。此说由清初学者毛奇龄最先提出，认为此书系周末秦初儒者所作，近人梁启超等亦赞同其说。其七，汉初人所作说。当代学者彭林持此说。

上述诸说中，“周公所作说”与“刘歆伪造说”最不可信，“刘歆伪造说”更是无据妄说。相比之下，洪诚、金景芳、刘起釪三位学者的说法较为合理，即“东周人所作说”与“春秋人所作说”较为可信，《周礼》成书年代当在平王东迁之后至战国之前这段时间。不难看出，《周礼》作者借鉴了周公制礼作乐时制定的一些典章制度，参照了东周初期的社会状况，并加以个人想象，从而编写出《周礼》这样一部体例严整、结构严密的古代政治制度的重要典籍。

二、《周礼》篇目与注本

《周礼》全书共六篇，其篇次及具体篇目如下：

天官冢宰第一，记述天官所属官职共计六十三种，上自大宰，下至夏采，其中居于首位的大宰负责掌理天下政务，辅佐君王治理国家。

地官司徒第二，记述地官所属官职共计七十八种，上自大司徒，下至稾人，地官负责掌理建邦土地之图与人民之数，辅佐君王治理邦国。

春官宗伯第三，春官又称礼官，春官所属上自大宗伯，下至家宗人，官职共计七十种，春官负责掌理国家礼仪，主管宗庙祭祀，辅佐君王维护礼仪制度。

夏官司马第四，夏官又称政官，夏官所属上自大司马，下至擗人，官职共计七十种，夏官负责掌理国家的军政事务，辅佐君王平定天下。

秋官司寇第五，秋官又称刑官，秋官所属上自大司寇，下至都士，官职共计六十六种，秋官负责掌理国家的司法政务，辅佐君王维护法律秩序。

冬官考工记第六，冬官司空主要掌理工程营造事务，其内容已遗失，汉人以记载手工业技术的《考工记》补之，《考工记》记述其时官营手工业工种共计三十种，即“攻木之工七，攻金之工六，攻皮之工五，设色之工五，刮磨之工五，抟埴之工二”。

《周礼》历代注本众多，其中影响最大的当属东汉郑玄的《周礼注》，其次为清孙诒让的《周礼正义》、唐贾公彦的《周礼正义》。

《周礼》选编

一、礼制

【原文】

以宾礼[1]亲邦国，春见曰朝[2]，夏见曰宗，秋见曰觐，冬见曰遇，时见[3]曰会，殷见[4]曰同，时聘[5]曰问，殷覜[6]曰视。

——《周礼·春官宗伯·大宗伯》

【注释】

［1］宾礼：五礼之三，包括朝、宗、觐、遇、会、同、问、视八个方面的礼。

［2］朝：与下文所述宗、觐、遇，皆为诸侯四时朝见王之礼名。

［3］时见：如果某诸侯不顺服，王就在国外筑坛并会合多方诸侯国，兴师征讨。因见无常期，故曰"时见"。

［4］殷见：殷，众。王有巡视天下的制度，如果王十二年不巡狩，则天下诸侯就一同来朝见王，王要筑坛以集合来朝诸侯并命以政事，此即所谓殷见之礼。

［5］时聘：指诸侯遣卿前往聘问天子。

［6］殷頫（tiào）：殷，众。頫，视，指看望。殷頫是指每十二年内，当只有侯服诸侯来朝的三年，其他诸侯遣卿来看望。故《说文》曰："诸侯三年大相聘曰頫。"此"三年"，是谓元年、七年、十一年。

【译文】

用宾礼使天下各国相亲附：春季朝王叫作朝，夏季朝王叫作宗，秋季朝王叫作觐，冬季朝王叫作遇，无定期地会合诸侯叫作会，天下众诸侯国都来朝王叫作同，众诸侯无定期地派卿慰问王叫作问，每十二年中有三年众诸侯派卿看望王叫作视。

【点评】

宾礼是接待宾客的礼仪，《周礼》中的宾礼主要是指王接待前来朝见的各诸侯国或诸侯派遣的使者以及各诸侯国之间相互交往时的礼仪。《周礼》中的宾礼包括朝、宗、觐、遇、会、同、问、视等一系列礼仪制度，表现为不同的接待身份、接待规制和接待形式。宾礼的表现形式虽各不相同，而其目的都是为了使天下各国相互亲附，以合乎身份规制的礼节约束各诸侯国，以宗法制度形式稳定王与各诸侯国之间的统治关系与等级秩序，巩固以周天子为中心、四方宾服的礼制社会。宾礼作为上古五礼之一，其等级尊卑观念及具体仪式因时代局限性而不为今用，然其礼仪四方、凝聚各国向心力的礼义精神仍有其现代启示意义。

【原文】

以嘉礼[1]亲万民：以饮、食之礼[2]，亲宗族兄弟；以昏、冠之礼，亲成男女；以宾射之礼[3]，亲故旧朋友；以飨、燕之礼[4]，亲四方之宾客；以脤、膰之礼[5]，亲兄弟之国；以贺庆之礼，亲异姓之国。

——《周礼·春官宗伯·大宗伯》

【注释】

［1］嘉礼：五礼之五，包括饮食、婚冠、宾射、飨燕、脤膰、庆贺六个方面的礼。

［2］饮、食之礼：饮，饮酒礼。食，食礼。

［3］宾射之礼：王与来朝诸侯在朝举行的射礼。

［4］飨（xiǎng）、燕之礼：飨，以酒食款待人，此处指飨礼，飨礼在太庙举行。“燕”通“宴”，即宴饮之礼，宴饮之礼在寝宫举行。

［5］脤（shèn）、膰（fán）之礼：脤，社稷祭肉；膰，宗庙祭肉。脤、膰之礼是指王祭祀后把祭肉分赐给同姓或异姓诸侯的礼节。

【译文】

用嘉礼使民众相亲和：用饮酒礼和食礼，使宗族兄弟相亲和；用婚礼和冠礼，使男女相亲爱并使行冠礼的男子具有成人的德行；用宾射礼，使故旧和朋友相亲和；用飨礼和燕礼，使四方前来朝聘的宾客相亲和；用赏赐祭祀和宗庙祭肉之礼，使同姓兄弟［及异姓］之国相亲和；用庆贺之礼，使异姓［及同姓］之国相亲和。

【点评】

嘉礼是有关喜庆之事的礼节，《周礼》中的嘉礼有饮食、婚冠、宾射、飨燕、脤膰、庆贺六种礼节。嘉礼是周代人际交往的重要方式，大宗伯以嘉礼使民众相互亲睦，以婚礼使男女相互亲悦，以饮食礼使宗族兄弟相互亲睦，以宾射礼使故旧朋友相互亲近，以飨燕礼使四方宾客相互亲近，以脤膰礼使同姓及异姓诸侯国相互亲爱，以贺庆礼使异姓及同姓诸侯国相互亲和。嘉礼是古代和合人际关系的重要礼节，时至今日，其所承载的凝聚人心的社会交往功能仍有其可资借鉴的现代价值。

二、治国

【原文】

因此五物者民之常[1]，而施十有二教焉。一曰以祀礼教敬，则民不苟[2]。二曰以阳礼教让[3]，则民不争。三曰以阴礼教亲，则民不怨。四曰以乐礼教和，则民不乖[4]。五曰以仪辨等，则民不越。六曰以俗教安，则民不偷[5]。七曰以刑教中[6]，则民不暴[7]。八曰以誓教恤[8]，则民不怠。九曰以度教节[9]，则民知足。十曰以世事教能，则民不失职。十有一曰以贤制爵，则民慎德。十有二曰以庸[10]制禄，则民兴功。

——《周礼·地官司徒·大司徒》

【注释】

[1] 常：习惯。

[2] 苟：随便。

[3] 让：谦让。

[4] 乖：乖戾。

[5] 偷：通“愉”，苟且、马虎。

[6] 中（zhòng）：符合。

[7] 暴：暴乱。

[8] 恤：敬慎。

[9] 节：节制。

[10] 庸：功劳。

【译文】

根据五种地形的生长物所形成的人民的生活习惯，而施行“十二教法”：一是以祭祀之礼教民尊敬，民众就不会马虎随便；二是以乡射礼、乡饮酒礼之类的阳礼教民谦让，民众就不会相争；三是以婚礼之类的阴礼教民互亲，民众就不会相互怨恨；四是以乐教民和睦，民众就不会乖戾；五是以礼仪来辨别上下尊卑，民众就不会僭越；六是以习俗教民安居，民众就不会苟且；七是以刑法教民遵守礼法，民众就不会叛逆暴乱；八是以誓戒教民敬慎，民众就不会怠惰；九是以制度教民节制，民众就会知足；十是以世代相传的技艺教民掌握技能，民众就不会失业；十一是根据贤德品行颁授爵位，民众就会谨慎修养德行；十二是根据功绩给予俸禄，民众就会致力于建立功业。

【点评】

《周礼》设想了十二条礼仪、礼节法度来教化天下民众，通过礼法教化以使民众循规蹈矩、互相谦让、互亲互爱、安居乐业、遵守法令、不敢怠惰、懂得满足、不会失业、谨慎修德、奋发立功，这种以礼为教的治理方式遍布德行、法令、技能、政治制度等领域，充分体现了中国古代早期“礼”的社会治理功能。

【原文】

颁[1]职事十有二于邦国都鄙，使以登万民：一曰稼穑，二曰树艺，三曰作材，四曰阜蕃[2]，五曰饬材[3]，六曰通财，七曰化材，八曰敛材，九曰生材，十曰学艺，十有一曰世事，十有二曰服事。

——《周礼·地官司徒·大司徒》

【注释】

［1］颁：颁布。

［2］阜（fù）蕃（fān）：茂盛、繁多，此处指养育繁殖鸟兽。

［3］饬（chì）材：饬，整治，使有条理。饬材是指整治金、石、珠、玉等材料，使成器具。

【译文】

大司徒向邦国都鄙颁布十二种职业，以使民众各从其业：一是种植谷物，二是种植果蔬，三是开发山林川泽的物资，四是畜牧养殖业，五是加工金、石、珠、玉等的手工业，六是商业流通，七是丝麻纺织业，八是采集业，九是做雇工，十是做文士学习道艺，十一是世代相传的营生，十二是到官府做杂役服务。

【点评】

《周礼》设想在民众中颁布推行十二职事，力图使民众都有各自的职事和生计来源，各从其职，安居乐业，实现国家治理的安定昌盛，体现了中国古代早期统治者关注国计民生与社会福祉的治国理念。

【原文】

以保息[1]六养万民：一曰慈幼[2]，二曰养老，三曰振穷[3]，四曰恤贫[4]，五曰宽疾[5]，六曰安富。

——《周礼·地官司徒·大司徒》

【注释】

[1] 保息：安居蕃息。

[2] 慈幼：慈爱幼儿。

[3] 振穷：振，同“赈”，救济。振穷，救济贫穷。

[4] 恤贫：恤，怜悯、救济。恤贫，指救济贫穷。

[5] 宽疾：宽，宽待。疾，残疾。宽疾，宽待残疾。

【译文】

用六项安定民心的政策养育民众，使其繁衍生息：一是慈爱幼儿，二是赡养老人，三是救济鳏寡孤独等无依无靠的穷困之人，四是怜恤救助生活贫苦之人，五是宽免残疾人赋役，六是公平对待、不苛刻索取，使富人安心。

【点评】

《周礼》对幼儿、老人、鳏寡孤独者、贫苦者、残疾者等社会弱势群体制定了详细的社会抚恤救助计划，通过六项具体的养育政策来扶贫救弱、安抚民心，以期赢得民众的信任，体现了中国古代早期扶贫救弱的社会福利政策，对于维系民心、维护社会安定有着积极的意义。

【原文】

以八统[1]诏王驭万民。一曰亲亲[2]，二曰敬故，三曰进贤，四曰使能，五曰保庸[3]，六曰尊贵[4]，七曰达[5]吏，八曰礼宾。

——《周礼·天官冢宰·大宰》

【注释】

[1] 八统：上统御下的八项原则。

[2] 亲亲：亲近亲族。

[3] 保庸：保，安抚。庸，功劳。保庸，指安抚有功劳的人。

[4] 尊贵：尊，尊重。贵，尊贵，有地位、身份的人。

[5] 达：察举，考察提拔。

【译文】

用八项原则辅助王统御民众：一是亲近亲族，二是尊敬故旧，三是荐举贤人，四是任用能人，五是抚慰奖励有功之人，六是尊重尊贵之人，七是考察提拔勤劳的小吏，八是礼敬宾客。

【点评】

《周礼》主张以“八统”来治理天下民众，此八项细则或倡导民众互亲互敬，或呼吁民众重视故旧之情，或鼓励民众注重德行，或激发民众提高才能，或激励民众建功立业，或引导民众尊重尊贵者，或鼓励民众尽职尽责，或引导民众重视礼仪礼节，体现了中国古代早期注重亲情故旧、选贤与能、礼仪至上的治理原则，对于维护当时的社会秩序有其可贵之处。

三、德教

【原文】

以乡三物[1]教万民，而宾兴[2]之。一曰六德：知、仁、圣、义、忠、和[3]。二曰六行：孝、友、睦、姻、任、恤[4]。三曰六艺：礼、乐、射、御、书、数[5]。

——《周礼·地官司徒·大司徒》

【注释】

[1] 乡三物：乡，乡学。三物，指德、行、艺三方面。

[2] 宾兴：宾，以宾客之礼表达敬意。兴，举荐。

[3] 知、仁、圣、义、忠、和：知，通“智”，明白事理。圣，博通先识。义，恰当适宜。忠，发自内心的敬。和，刚柔适宜。

[4] 孝、友、睦、姻、任、恤：孝，善事父母。友，善事兄弟。睦，与九族和睦。姻，与姻亲相亲。任，信任朋友。恤，救助贫困者。

[5] 礼、乐、射、御、书、数：礼，五种礼义。乐，六种歌舞。射，五种射法。御，五种驾驭车马法。书，六种书写方法。数，九种计算方法。

【译文】

用乡学中的三方面内容来教育天下民众，举荐优异的贤能者，并举行乡饮酒礼敬待贤能者。一是六种道德：明白事理、爱人及物、通达先识、适时决断、言谈发自内心、刚柔适宜。二是六种善行：孝敬父母、友爱兄弟、和睦九族、亲爱姻戚、信任朋友、救济贫穷。三是六种技艺：五种礼义、六种歌舞、五种射法、五种驾驭车马法、六种书写方法、九种计算方法。

【点评】

《周礼》设想在乡、州、党及四邻的学校推行乡学中“乡三物”即六德、六行、六艺的教学内容，以此实现对民众的道德教化，体现了将知、仁、圣、义、忠、和、孝、友、睦、姻、任、恤等德行教育寓于礼、乐、射、御、书、数的教育理念，以及选贤与能的人才选拔培养理念，反映了中国古代早期统治者敬德保民的德治思想。

【原文】

士师之职，掌国之五禁之法，以左右[1]刑罚：一曰宫禁，二曰官禁，三曰国禁，四曰野禁，五曰军禁。皆以木铎徇[2]之于朝，书而县[3]于门闾。

——《周礼·秋官司寇·士师》

【注释】

[1] 左右：辅助。

[2] 徇（xùn）：对众宣示。

[3] 县：通“悬”，悬挂。

【译文】

士师的职责，掌管有关五禁之法，以辅助刑罚禁止民众为非作歹：一是王宫的禁令，二是官府的禁令，三是都城的禁令，四是都城外田野的禁令，五是军中的禁令。这五种禁令，都摇响木铎宣示于外朝，并书写出来悬挂于各处闾巷门前。

【点评】

《周礼》有关“五禁”的记载反映了中国古代早期以教化为先的治理原则，其核心思想在于强调明德慎罚，注重犯罪前的戒禁教化，而非犯罪后的刑责处罚，防范犯罪比刑罚犯罪更为重要，由此可以看出中国古代早期教化重于刑罚的人性化的刑理思想。

四、乐教

【原文】

以乐德教国子中[1]、和[2]、祗[3]、庸[4]、孝、友，以乐语教国子兴[5]、道[6]、讽[7]、诵[8]、言[9]、语[10]，以乐舞教国子舞《云门》《大卷》《大咸》《大韶》《大夏》《大濩》《大武》。

——《周礼·春官宗伯·大司乐》

【注释】

[1] 中：通“忠”。

[2] 和：刚柔适中。

[3] 祗（zhī）：恭敬。

[4] 庸：有原则。

[5] 兴：比喻。

[6] 道：通“导”，引导。

[7] 讽：直言，即背诵诗文。

[8] 诵：有声调，即吟咏诗文。

[9] 言：发端。

[10] 语：答述。

【译文】

用乐德教育国子具备六种德行：忠诚、刚柔适中、恭敬、有原则、孝顺父母、友爱兄弟，用乐语教育国子掌握六种语言技巧：比喻、称引古语、背诵诗文、吟咏诗文、主动发言、回答叙述，用乐舞教育国子学会六代舞蹈：《云门》《大卷》

《大咸》《大韶》《大夏》《大濩》《大武》等。

【点评】

《周礼》之乐不仅具有审美娱乐功能，还具有重要的社会教化功能，乐德可以教人德行，乐语可以教人语言技巧，乐舞可以教人舞蹈，体现了周代以乐德、乐语、乐舞安定万民、和睦万邦的人文情怀。

【原文】

以六律、六同[1]、五声[2]、八音[3]、六舞[4]、大合乐[5]，以致鬼、神、示，以和邦国，以谐万民，以安宾客，以说远人，以作动物。

——《周礼·春官宗伯·大司乐》

【注释】

[1] 六律、六同：六律和六同合起来即十二律，指十二个声高不同的标准音，各律由高到低依次为黄钟、大吕、大蔟、夹钟、姑洗、中吕、蕤宾、林钟、夷则、南吕、无射、应钟。

[2] 五声：宫、商、角、徵、羽五等音阶。

[3] 八音：金、石、土、革、丝、竹、匏、木八类乐器。

[4] 六舞：六代之舞。

[5] 大合乐：合奏六大乐舞。

【译文】

用六律、六同、五声、八音和六代的舞一起配合演奏，以招致人鬼、天神和地神而祭祀，以使各国亲睦，民众和谐，宾客安定，边远悦服归附，动物繁盛兴旺。

【点评】

此段讲述了乐在周代礼制中的重要教化功能，乐之六律、六同、五声、八音和六代之舞的合奏活动中蕴含着礼仪、礼义，礼与乐互为表彰，礼是乐的内容，乐是礼的表现形式，奏乐即是习礼，乐教因其教化功能而成为维系社会和谐、安定、昌盛的重要方式。

【原文】

教六诗[1]：曰风[2]，曰赋[3]，曰比[4]，曰兴[5]，曰雅[6]，曰颂[7]。以六德[8]为之本，以六律为之音。

——《周礼·春官宗伯·大师》

【注释】

[1] 六诗：《诗》之六义，即风、赋、比、兴、雅、颂。

[2] 风：乐曲的统称。

[3] 赋：直陈其事。

[4] 比：类比、打比方。

[5] 兴：比兴、喻劝。

[6] 雅：正也。

[7] 颂：诵也。

[8] 六德：六种德行标准。

【译文】

教诗有六种表现方法：风、赋、比、兴、雅、颂。受教者要以六德作为立身之本，施教者要以六律来确定受教者适合学的歌唱的音调。

【点评】

《周礼·春官》最早提出了《诗》之六义，即风、赋、比、兴、雅、颂，并强调六德作为立身之本的重要性，体现了周代礼乐相和、敬德明德的政治伦理观念。

《仪礼》

《仪礼》概论

一、《仪礼》成书与流变

《仪礼》是儒家“六经”之一，也是“十三经”之一，是中国古代早期有关祭天祀祖、尊卑上下的礼仪规范。《仪礼》主要记载了周代的冠、婚、丧、祭、饮、乡、射、朝、燕、聘等各种礼仪制度，对具体礼仪的参与人员、器物使用和仪节程序等都有详尽而严明的规定，是现存最早的有关中国古代礼仪制度与行为规范的文献资料。

《仪礼》一书，在先秦时期单称为《礼》，至汉代亦通称为《礼》，又称《士礼》《礼经》。据《史记》《汉书》《后汉书》记载，汉初，鲁人高堂生最早传授以通行隶书书写的今文礼学《士礼》十七篇。之后，高堂生的弟子鲁徐生将此《士礼》传于其子以至其孙徐延、徐襄，又传至弟子公户满意、桓生、单次、萧奋。之后，萧奋又传《礼》至淮阳太守。萧奋弟子孟卿则传《礼》至后仓、闾丘卿，后仓又传《礼》于闻人通汉、戴德、戴圣、庆普。此后《礼》传播开来，传至东汉郑玄时，已有戴德本、戴圣本、庆普本及刘向《别录》本四种主要版本。郑玄以戴圣本（即小戴礼学）传授并以今、古文经互参的方式注《礼》，篇目次序上则采用刘向《别录》本，流传至今便是我们今日所见之《仪礼》十七篇。

二、《仪礼》篇目与注本

今之《仪礼》现存十七篇，为汉高堂所传之今文本，另有五十六篇已遗失，系出于鲁之淹中里及孔宅壁中之古文本。现存今本《仪礼》十七篇篇次及具体篇目如下：

士冠礼第一，记述古代贵族男子成年后的加冠仪礼。主要记述男子年满二十岁后举行冠礼时的陈设、仪式和致辞。

士昏礼第二，记述古代贵族男女的婚姻仪礼。主要记述男女婚姻仪式中包含纳采、问名、纳吉、纳徵、请期、亲迎等的“婚姻六礼”。

士相见礼第三，记述古代贵族初次相见来往的仪礼规矩。如登门拜访时的见面礼、对方回拜礼。

乡饮酒礼第四，记述古代基层行政组织定期举行的酒会仪式。如祭神问吉、联络同道等活动。

乡射礼第五，记述古代基层行政组织定期举行的射箭比赛的具体礼节。

燕礼第六，记述古代诸侯与群臣举行的宴饮之礼。

大射礼第七，记述由古代君王主持的射箭比赛的具体礼节。

聘礼第八，记述古代君王派遣使节到其他诸侯国进行友好访问及相关外交活动的具体礼节。

公食大夫礼第九，记述古代君王宴请外国使臣的礼节。

觐礼第十，记述古代诸侯朝见天子的礼节。

丧服第十一，记述古代葬礼中的丧服制度。祭祀者根据与死者血缘关系的亲疏远近，在丧服与丧期上表现出相应的区别，即斩衰、齐衰、大功、小功、缌麻、凡五等所谓的“五服”制度。

士丧礼第十二与既夕礼第十三实为一篇，因篇幅较长而分为两篇，记述古代贵族自父母死亡到殡葬的全部仪节与程序。

士虞礼第十四，记述古代贵族埋葬父母后回家举行的安魂礼。士虞礼、丧服礼、士丧礼、既夕礼都是为了凝聚五服关系的礼仪。

特牲馈食礼第十五，记述古代贵族定期在家庙中以猪祭祀祖祢的礼节。

少牢馈食礼第十六与有司第十七实为一篇，因篇幅较长分为两篇，记述诸侯之卿大夫等级定期于家庙中以羊和猪祭祀祖祢的礼节。

《仪礼》全书注本始自东汉后期郑玄的《仪礼注》，郑注兼采今古文之长，随文赋意，是《仪礼》注本中的典范之作，这也是我们今日所见传本《仪礼》。魏晋南北朝时期，王肃撰有《仪礼注》，李铉撰有《三礼义疏》。唐代影响较大的《仪礼》注本首推贾公彦据郑玄《仪礼注》所作的《仪礼疏》。南宋时期《仪礼》注本以李如圭所撰《仪礼集释》、朱熹及其弟子黄榦所撰《仪礼经传通解》为佳。元代《仪礼》注本当推敖继公所撰的《仪礼集说》。清代治《仪礼》者甚众，较为突出者有张尔岐所撰的《仪礼郑注句读》、胡培翚所撰的《仪礼正义》、张惠言所撰的《仪礼图》、凌廷堪所撰的《礼经释例》，其中，胡培翚的《仪礼正义》堪称清代《仪礼》学研究的集大成之作。

历代的《仪礼》注本虽多，然编次及注释最佳者当属东汉郑玄的《仪礼注》，其次为唐贾公彦的《仪礼疏》、清胡培翚的《仪礼正义》。

《仪礼》选编

一、礼制

【原文】

三加弥[1]尊，谕[2]其志也。冠而字之，敬其名[3]也。

——《仪礼·士冠礼》

【注释】

［1］弥：愈发。

［2］谕：教谕。

［3］敬其名：名是出生后父母所取，行冠礼后则取字代名，此后不得直呼其名，以示对其所受父母之名的敬重。

【译文】

三次所加之冠，一次比一次尊贵，是为了教谕冠者确立努力向上的远大志向，加冠后给冠者取字来称呼他，不再称呼其父母所取之名，这是对其名的敬重。

【点评】

加冠之礼是一种成年礼，三次加冠表示受礼后的贵族青年已经长大成人，开始走向社会，拥有了治人、戎事、祭祀的权力，可以独立承担各种社会责任，蕴含着从身到心的独立向上的人格诉求，也体现了尊重长者的价值取向。时至今日，《仪礼》中诸如此类催人奋进、尊老敬老的礼义思想仍然值得我们学习，对于重建当代礼乐文明仍有重要的借鉴意义。

【原文】

士见于大夫，终辞[1]其挚。于其入[2]也，一拜其辱[3]也。宾退，送再拜。

——《仪礼·士相见礼》

【注释】

[1] 终辞：不受。

[2] 入：进入大门。

[3] 辱：辱临，屈尊驾临。

【译文】

士去拜见大夫，大夫对于士送的挚礼推辞不受。当来拜访的士走进大门的时候，大夫要向士一拜，以感谢士的屈尊驾临。当士退出的时候，大夫要行再拜礼相送。

【点评】

《仪礼·士相见礼》规定了古人举行冠礼成年后与他人相见、结识的程式化的社交礼仪，是士与士之间，士与大夫之间，大夫与大夫之间，士、大夫、庶人与君之间言谈交往的重要仪节。此段描述了士见大夫的具体礼节，士以挚礼拜见大夫，大夫以礼相回，繁杂礼仪中透出彼此的谦逊与尊重，可见古人注重礼尚往来，地位尊卑莫不如此。士相见礼强调主宾双方的相互答拜，讲究双方行礼的互动对等关系，体现了古代人际交往中礼尚往来的重要性。新时代下我们仍应坚持礼尚往来的礼仪规范，对于他人的善意亦应报以善意的礼敬。

【原文】

凡与大人言，始视面，中视抱[1]，卒视面。毋改[2]，众[3]皆若是。

——《仪礼·士相见礼》

【注释】

[1] 中视抱：中，中间。抱，怀抱处。

[2] 毋改：言者言毕而听者尚未做出反应时，应始终端正仪态，此时不应变动失态。

[3] 众：通“终”，指自始至终。

【译文】

凡是向在上位的人进言，开始要观察对方的脸色，看是否可以进言；进言完毕即垂目下视对方的怀抱处，等对方思索并做出反应；最后再观察对方的脸色，看反应如何。在等待对方思索并做出反应的时候，应当端正自己的仪态而不改变，自始至终都应如此这般虚心恭敬，毫不懈怠。

【点评】

听尊长讲话要注意端正自己的仪态，目光专注这是专心听讲的基本礼节。如果东张西望、左顾右盼，则是有失礼节的行为。我们平时听师长讲话时应保持目光专注，以示对对方的尊重。

【原文】

乡饮酒之礼。主人[1]就先生[2]而谋宾、介[3]。主人戒[4]宾，宾拜辱[5]。主人答拜，乃请宾。宾礼辞许。主人再拜，宾答拜。主人退，宾拜辱。介亦如之。

——《仪礼·乡饮酒礼》

【注释】

[1] 主人：乡大夫，指乡饮酒礼的主持人。

[2] 先生：在乡党学校中任教的退休还乡的大夫、士。

[3] 宾、介：乡中选出的贤人，最优者一人为宾，其次一人为介，再次为众宾。

[4] 戒：告知。

[5] 辱：辱临，屈尊驾临。

【译文】

乡饮酒之礼。主人至乡先生处商定宾、介的人选。接着主人前往选定的宾家告知其结果，宾向主人行拜礼，感谢主人屈驾光临。主人回答拜礼，然后请宾参加为其举行的饮酒礼。宾推辞一下后答应了。接着主人行再拜礼，宾回答拜礼。主人告退，宾行拜礼相送，再次感谢主人的屈驾光临。主人告介的礼仪亦与此相同。

【点评】

《仪礼》中“乡饮酒之礼”记载了中国古代早期基层行政组织举行的招待乡学中的贤能之士和德高望重者的酒会礼仪，具体礼节体现了重贤敬老的礼义思想，是古代君王治国安邦的重要措施，在中国古代早期基层社会发挥着重要的德治教化的政治功能。

【原文】

乡射之礼。主人[1]戒宾，宾出迎，再拜。主人答再拜，乃请。宾礼辞许。主人再拜，宾答再拜。主人退[2]，宾送再拜。无介。

——《仪礼·乡射礼》

【注释】

[1] 主人：州长或乡大夫。

[2] 退：告退、退去。

【译文】

乡射之礼。主人前往宾家，告宾将举行乡射礼，请宾前来参加。宾出门迎接主人，行再拜礼。主人回再拜礼，然后邀请宾参加射礼。宾推辞一下后答应了。主人行再拜礼，宾回再拜礼。主人告退，宾行再拜礼相送。乡射礼不设辅宾的陪客。

【点评】

《仪礼》中“乡射之礼”记载了中国古代早期基层行政组织定期举行的射箭比赛大会的具体礼仪，古人通过判定射箭比赛时前进、后退、左右转动等动作仪态是否符合礼之规定来选拔贤能。乡射之礼承载着选拔贤能之士、确立民众德性的教化作用，并以此教养来确保国家社稷的安定有序。

【原文】

聘[1]礼。君与卿[2]图[3]事，遂命使者[4]。使者再拜稽首辞。君不许，乃退。既图事，戒[5]上介[6]亦如之。宰[7]命司马戒众介[8]，众介皆逆命[9]不辞。

——《仪礼·聘礼》

【注释】

[1] 聘：问候。

[2] 卿：指三卿，主政事者。

[3] 图：谋议、商议。

[4] 使者：出使他国行聘礼者。

[5] 戒：命。

[6] 上介：副使，由大夫担任。

[7] 宰：三卿中的上卿，即司徒。

[8] 众介：士介，由士担任。

[9] 逆命：犹受，即接受命令。

【译文】

聘礼。国君和三卿商议聘礼的事，于是就在卿中任命使者。使者再拜稽首礼，谦逊地加以辞让，国君不准其辞，于是使者受命，退回原位。聘礼之事商议完毕，君又任命上介，礼仪也是如此。宰命令司马任命随行的众介，众介都接受命令而不加推辞。

【点评】

《仪礼》中“聘礼”记载了中国古代早期各诸侯国之间开展礼节性访问的聘问之礼的具体仪节规定，聘礼是各诸侯国之间礼尚往来、安定团结的重要的外交手段，体现了各诸侯国为求生存发展而相互尊重与礼让的邦交精神，聘礼蕴含的礼尚往来、重礼义轻礼物的邦交智慧，对当今中国开展和睦邦交有着重要的启示作用。

【原文】

公有司门西，北面，东上，献次众宾。私臣门东，北面，西上，献次[1]兄弟。升受[2]，降饮。

——《仪礼·特牲馈食礼》

【注释】

[1] 次：次序、排列。

[2] 受：受爵、接受。

【译文】

公有司的位置在庙门内的西侧，面朝北，以东边为上位，主人献酒时，排在众宾的后面接受献酒。家臣的位置在庙门内的东侧，面朝北，以西边为上位，主人献酒时，排在众兄弟的后面接受献酒。公有司和家臣分别升到西阶上和阼阶上接受主人献酒，再下阶饮酒。

【点评】

《仪礼》中“特牲馈食礼”记载了中国古代早期诸侯之士每逢年节在祖庙祭祀的礼仪，祭礼的具体仪节繁复讲究，一方面是表达对亲人逝去的哀思敬亲之情的需要，另一方面亦是维护封建社会政治秩序的需要，在中国古代社会具有重要的政治文化意蕴。新时代下，我们不必囿于古代祭祀礼仪的外在形式，重在传承其中适用于当代社会的礼义，保持对祭祀传统的尊重与敬意，慎终追远，礼祭先贤，弘扬孝道，感恩前行。

二、孝亲

【原文】

父。[传曰]为父何以斩衰[1]也？父至尊[2]也。

——《仪礼·丧服》

【注释】

[1]斩衰（cuī）：斩，裁割布料如刀斩一般粗糙。衰，丧服上衣曰衰，下衣曰裳，衰是丧服上衣的统称。斩衰有哀痛如刀斩之意，是“五服”中最重的丧服。

[2]至尊：最为尊贵。

【译文】

是子为父所服。[传曰]子为父服丧为什么要服斩衰之服呢？因为父亲是一家之中最为尊贵的。

【点评】

《仪礼·丧服》中关于服丧礼制条例的规定反映了中国古代以血缘亲情关系为基础的家庭伦理观念，父亲在家庭中拥有的至尊地位决定了子女对父亲需服最重的斩衰服，斩衰服不仅是父子之间一体至亲关系的体现，也是子女对父亲表达至孝之情的体现。这种父子之情对于我们当下处理家庭伦理关系也有一定的借鉴价值。

【原文】

父卒则为母。继母如母。[传曰]继母何以如母？继母之配父，与因[1]母同，故孝子不敢殊[2]也。

——《仪礼·丧服》

【注释】

[1]因：犹亲。

[2]殊：不同。

【译文】

是父死后子为母所服。为继母服如同为亲母服一样。[传曰]为继母服为什么同为亲母服一样呢？因为继母与父之为配偶，同自己的亲母与父为配偶是一样的，所以继子对待继母不敢有什么不同。

【点评】

《仪礼·丧服》根据服丧者与死者的亲疏远近关系而有不同的丧服礼制条例，但在对待继子与继母的关系上却体现出较为温和的态度，继子可以为养育自己的没有血缘关系的继母服丧，这一现象强调了继子对继母养育之情的感恩与尊重，亦是儒家“尊尊原则”在家庭伦理秩序中的具体体现，在调和、凝聚家庭伦理关系方面起到了积极的作用。

《礼记》

《礼记》概论

一、《礼记》成书与流变

《礼记》亦称《小戴礼记》或《小戴记》，是先秦至两汉时期礼学家对《仪礼》所做的解释、说明及补充的礼学文献汇编，自汉以来即被奉为儒家礼治思想之圭臬。《礼记》据传为孔子的七十二弟子及其后学所作，汉代把孔子删定的典籍称为“经”，把孔子弟子及其后学对“经”的解释称为“传”“记”，其中有关“礼经”的解释被称为“礼记”，这些有关“礼记”的著述经由西汉礼学家戴德及其侄子戴圣加以删节整理编订而成为《礼记》。戴德选编的八十五篇本被称为《大戴礼记》，戴圣选编的四十九篇本被称为《小戴礼记》。《大戴礼记》流传不广，至唐代已亡佚大半，仅存三十九篇。而《小戴礼记》自东汉末年郑玄为之作注后即久盛不衰，畅行于世，《小戴礼记》亦即今之所谓《礼记》。《礼记》与《周礼》《仪礼》合称为“三礼”，就影响而言，《礼记》的地位远在《周礼》《仪礼》之上，《礼记》至唐代被尊为“九经”之一，至宋代被列为“十三经”之一，南宋朱熹取其中的《大学》《中庸》，与《论语》《孟子》合在一起作《四书章句集注》，此后成为中国古代士人必读经典及科举考试依据，在中国思想史、政治史上具有举足轻重的地位。

《礼记》全书主要记载了先秦礼仪制度的内容及解释，记述了孔子及其弟子关于礼的问答与阐释，阐发了礼在社会伦理秩序中的功用，遍涉先秦社会政治制度、伦理道德、礼仪规范、生活习俗等领域，是研究中国古代礼仪制度和礼治思想的重要历史文献资料。

二、《礼记》篇目与注本

《礼记》全书四十九篇，是一部内容繁杂的儒学杂编，主要记载了周王朝的典章制度及冠、婚、丧、祭、燕、射、聘等礼仪，依所记篇目的内容与性质大致可分为四类：

其一，专记某项礼节之篇目，如《曲礼》《檀弓》《玉藻》《丧服小记》《大传》《少仪》《杂记》《丧大记》《奔丧》《投壶》等。此类篇目体裁与《仪礼》相近。其二，专释《仪礼》之篇目，如《冠义》《昏义》《乡饮酒义》《射义》《燕义》《聘义》《丧服四制》，此类篇目专门用以解释《仪礼》中《士冠礼》《婚礼》《乡饮酒礼》《乡射礼》《燕礼》《聘礼》《丧服》各篇之礼义。其三，专记某项礼制、政令之篇目，如《王制》《月令》《文王世子》《礼器》《郊特牲》《玉藻》《明堂位》《祭法》《祭统》等。其四，阐述《周礼》意义之篇目，如《曾子问》《礼运》《礼器》《郊特牲》《内则》《学记》《乐记》《祭法》《祭义》《祭统》《经解》《哀公问》《仲尼燕居》《孔子闲居》《坊记》《中庸》《表记》《缁衣》《问丧》《服问》《间传》《三年问》《儒行》《大学》《丧服四制》等。

《礼记》历代注本较多，然影响较大者当属东汉郑玄的《礼记注》、唐孔颖达的《礼记正义》、宋卫湜的《礼记集说》、元陈澔的《礼记集说》、明胡广的《礼记大全》、清朱彬的《礼记训纂》、清孙希旦的《礼记集解》。

《礼记》选编

一、修身

【原文】

敖[1]不可长，欲不可从[2]，志不可满[3]，乐不可极[4]。

——《礼记·曲礼上》

【注释】

[1] 敖：同“傲”，傲慢。

[2] 从（zòng）：通“纵”，放纵。

[3] 满：自满。

[4] 极：穷极，无度。

【译文】

傲慢不可滋长，欲望不可放纵，志意不可自满，享乐不可无度。

【点评】

人的各种欲望必须节制有度，要学会节制自己的傲慢、欲望、志意、享乐，因为骄傲容易使人自大，欲望容易使人失去理智，志意自满容易使人停滞不前，享乐无度容易使人不思进取，如能控制好此类欲念，就称得上是有礼之人了。

【原文】

子云："有国家者，贵人而贱禄，则民兴让[1]；尚技而贱车，则民兴艺[2]。君子约[3]言，小人先言[4]。"

——《礼记·坊记》

【注释】

［1］让：礼让。

［2］艺：技艺。

［3］约：少。

［4］言：说话。

【译文】

孔子说："掌管国家的人，尊重人才而不吝惜爵禄，民众就会兴起礼让之风；尊重有技艺的人而不吝惜车马衣服，民众就会兴起学习技艺之风。因此君子少说多做，小人没做就先夸口。"

【点评】

现实生活中，有德行的人通常说话谨慎，脚踏实地，说到做到，令人信服；品德低下的人往往夸夸其谈，妄言妄语，说到做不到，令人鄙视。

【原文】

子言之：“归乎！君子隐而显，不矜而庄，不厉而威，不言而信。”子曰：“君子不失足[1]于人，不失色[2]于人，不失口[3]于人，是故君子貌足畏也，色足惮[4]也，言足信也。《甫刑》[5]曰：‘敬忌而罔有择言在躬。’”

——《礼记·表记》

【注释】

[1] 足：举止。

[2] 色：外貌，仪表。

[3] 口：言语。

[4] 惮：惧惮。

[5]《甫刑》：即《吕刑》，《尚书》篇名。

【译文】

孔子说：“回去吧！君子即使隐退，其德行亦昭著四方，不必故作矜持而神色自然庄重，不必声色严厉而自有威严，不必说话而能取信于人。”孔子说：“君子不在人前丧失进退的节度，不在人前丧失神色的端庄，不在人前丧失说话的分寸。所以君子的仪容足以使人敬畏，神色足以使人惧惮，言语足以使人信任。《甫刑》说：‘心怀敬戒而不要有可被挑剔的言论在你身上。’”

【点评】

人际交往中尤其要注意自己的言行举止是否得体，因为不得体的言行举止容易引起别人的反感，甚至引起不必要的矛盾与冲突。所以日常社交生活中尽量做到一举一动不失礼于人，一颦一笑不失礼于人，一言一语不失礼于人，这样自然就会得到别人的敬服与信任。

【原文】

喜怒哀乐之未发谓之中[1]，发而皆中节[2]谓之和。中也者，天下之大本也；和[3]也者，天下之达道也。致中和，天地位[4]焉，万物育焉。

——《礼记·中庸》

【注释】

[1] 中（zhōng）：指含而未发的内心情感。

[2] 中（zhòng）节：中，符合；节，标准。中节指符合节度。

[3] 和：调和、平衡。

[4] 位：处在正确的位置上。

【译文】

喜怒哀乐没有表现出来的时候叫作中，表现出来但符合节度叫作和。中是天下各种感情和道理的本原，和是天下一切事物的法度。达到中和的境界，天地间一切事物的位置就摆正了，万物就能生长繁育了。

【点评】

此处阐述了人之内在情感与外在礼仪的关系问题，强调了人之内在情感如何在礼仪制度中获得恰当的表达。中庸是一种不偏不倚、无过无不及的处世标准，是一种和谐、平衡的自然状态，中庸达成的和谐自然是儒家理想化的极致境界。中庸还是判别君子与小人的道德修养标准，君子择乎中庸就是依儒家的伦理道德规范安守本分，国运昌明时不改自己的操守，国运黑暗时不改自己的志向。中庸之道是儒家王道政治理想实践的重要思维方式。

【原文】

在上位不陵[1]下，在下位不援[2]上，正己而不求于人，则无怨[3]：上不怨天，下不尤[4]人。故君子居易[5]以俟[6]命，小人行险以徼[7]倖[8]。

——《礼记·中庸》

【注释】

[1] 陵：通"凌"，欺凌。

[2] 援：攀援、巴结。

[3] 怨：怨恨。

[4] 尤：怨恨，归咎于人。

[5] 易：犹平安。

[6] 俟（sì）：等待。

[7] 徼（jiǎo）：求。

[8] 倖（xìng）：不该得而得到的东西。

【译文】

在上位不欺凌下面的人，在下位不巴结上面的人，端正自身，不求他人，就不会有怨恨之心：上不怨恨天，下不责怪人。因而君子居处平易以等待机遇，小人却冒风险以图侥幸。

【点评】

做上级的不能以权欺压下级，否则会引起下级的不满与反感；做下级的也不能因利益巴结谄媚上级，否则会没有自尊，遭人厌烦。只有端正自我身心，凭借自己实力才能真正取得别人的认可，对上对下都能谦和有礼，不卑不亢，才能真正获得别人的信任与尊敬。

【原文】

古之欲明明德于天下者，先治其国；欲治其国者，先齐[1]其家；欲齐其家者，先修其身；欲修其身者，先正其心；欲正其心者，先诚其意；欲诚其意者，先致[2]其知；致知在格物[3]，物格而后知至，知至而后意诚，意诚而后心正，心正而后身修，身修而后家齐，家齐而后国治，国治而后天下平。自天子以至于庶人，壹是[4]皆以修身为本。

——《礼记·大学》

【注释】

[1] 齐：治理。

[2] 致知：致，求得。知，良知。致知，即致吾心之良知。

[3] 格物：格，至。物，事。格物，即探究事物之理。

[4] 壹是：统一,一律都是。

【译文】

古时候想要彰明内心德性推广到天下的人，先治理自己的国家；要治理自己的国家，先安顿自己的家庭；要安顿自己的家庭，先修养自身；要修养自身，先端正自己的内心；要端正自己的内心，先使自己的意念真诚；要使自己的意念真诚，先获致自己的良知；获致自己的良知在于推究事物的原理，推究事物的原理后良知到来，良知到来而后意念真诚，意念真诚而后内心端正，内心端正而后才能修养自身，自身修养好而后才能安顿好家庭，家庭安顿好而后才能治理好国家，国家治理好而后天下太平。从天子到平民，统一地都是把修养自身作为根本。

【点评】

格物、致知、诚意、正心、修身、齐家、治国、平天下“八条目”揭示了儒家思想传统中知识分子做人、处世、治国的进阶梯次，其中修身是整个环节的基础和关键，格物、致知、诚意、正心皆为修身功夫，齐家、治国、平天下则是修身目的。所谓修己方能治人，自我德性完善并向外扩充，才能管理好家庭、家族，进而才能治理好国家，最终实现平定天下的政治理想，这种通过自我道德修养来实现治国、平天下的政治理想践行路径即儒家的内圣外王之道。儒家“八条目”的践行梯次启示我们，事物都有本末始终，要想成就一番事业，必先完善自我德性。

【原文】

所谓诚其意者，毋自欺也。如恶恶臭[1]，如好好色[2]，此之谓自谦[3]。故君子必慎其独也。小人闲居为不善，无所不至，见君子而后厌然[4]揜[5]其不善而著[6]其善。人之视己，如见其肺肝然，则何益矣！此谓诚于中，形于外，故君子必慎其独也。

——《礼记·大学》

【注释】

[1] 恶（wù）恶（è）臭（xiù）：第一个“恶”，厌恶。第二个“恶”，难闻的。臭，气味。恶恶臭，指厌恶难闻的气味。

[2] 好（hào）好（hǎo）色：第一个“好”，喜好。第二个“好”，美好的。好好色，指喜爱美色。

[3] 谦（qiè）：同“慊”，满足。

[4] 厌然：遮遮掩掩的样子。

[5] 揜（yǎn）：同“掩”，掩盖。

［6］著：显露出来。

【译文】

所谓使自己的意念真诚，就是不要自欺欺人。如同厌恶难闻的气味，如同喜好美色，这就是所谓快意自足。因此君子必须在独处的时候也慎重行事。小人独处的时候做不好的事，无所不为，见到君子后躲躲藏藏掩盖自己不好的一面而故意展露自己好的一面。可是别人看他，如同看透了他的肺肝一样，他这样做又有什么益处呢！这就是所说的有真实的意念在内，就会显露在外，所以君子独处的时候必须谨慎从事。

【点评】

此处《大学》告诫我们做人要诚实不欺，不仅在外人面前要真诚做人，在自己独处的时候更要自觉遵从礼制，约束自我言行。既不要欺骗自己，也不要欺骗别人，不要试图遮掩自己的缺点和不足。

二、为学

【原文】

玉不琢，不成器。人不学，不知道[1]。是故古之王者，建国君民，教学为先。《兑命》[2]曰："念终始典[3]于学。"其此之谓乎。

——《礼记·学记》

【注释】

[1] 道：泛指天地自然及人类社会的规律、道理。

[2]《兑（yuè）命》：兑，"说"字之误。《说命》，《尚书》佚篇名。

[3] 典：经。

【译文】

玉不雕琢，就不成为器物。人不学习，就不懂得道理。所以古代的君王建立国家、治理民众，都把兴教办学作为首要的事情。《兑命》说："要始终想着经常学习。"就是说的这个意思吧。

【点评】

古人所谓"知道"是通晓大道之意，即求得真学问、明白真事理，"知道"的关键在于一个"学"字，学习要善于钻研，不可一知半解，须经一番刻苦磨炼方能成才，而教育与教化在人的成长成才中起着至关重要的作用。

【原文】

虽有嘉肴，弗食，不知其旨也。虽有至道，弗学，不知其善也。是故学然后知不足，教然后知困。知不足，然后能自反[1]也。知困[2]，然后能自强也。故曰：教学相长也。《兑命》曰："学学半[3]。"其此之谓乎。

——《礼记·学记》

【注释】

[1] 反：反省。

[2] 困：困惑、理解不了。

[3] 学（xiào）学半：第一个"学"，指教人。学学半，指教人乃益己学之半。

【译文】

虽有美味的菜肴，不吃就不知道它的美味。虽有最好的道理，不学就不知道它好在哪里。所以，学习了然后才能知道自己的不足，教育别人然后才能发现自己的困惑。知道自己的不足，然后才能反省自己。知道自己的困惑，然后才能加强自己。所以说，教和学是互相促进的。《兑命》说："教别人，一半也是增长自己的知识。"就是说的这个意思吧。

【点评】

学问是无止境的，认识到了自己学问上的不足，方能给自己提出更高的目标要求。认识到了自己学问上的困惑不解，方能激励自己不断发愤努力。这种学问上的自我省思能使人克服自满自得，鞭策自己加倍努力，日趋精进圆满。

【原文】

博学之，审[1]问之，慎思之，明辨之，笃行之。有弗学[2]，学之弗能，弗措也；有弗问，问之弗知，弗措也；有弗思，思之弗得，弗措也；有弗辨，辨之弗明，弗措[3]也；有弗行，行之弗笃，弗措也。人一能之[4]，己百之；人十能之，己千之。果能此道矣，虽愚必明，虽柔必强。

——《礼记·中庸》

【注释】

[1] 审：详细。

[2] 弗：不。

[3] 措：放弃。

[4] 人一能之：别人一次就能做到。

【译文】

广博地学习，审慎地提问，谨慎地思考，明晰地辨别，笃实地履行，有不曾学过的知识，学习了还不能通晓，就不放弃继续学；有不曾问过的疑问，问了还不明白，就不放弃继续问；有不曾考虑过的问题，考虑了还不得其解，就不放弃考虑；有不曾辨别的问题，辨别了还不明晰，就不放弃辨别；有不曾履行过的善道，履行了还不笃实，就不放弃履行。别人付出一分努力就能学会，自己付出百分努力；别人付出十分努力就能学会，自己付出千分努力。如果能按照这个思路去做，即使是愚蠢的人也一定会变得聪明，即使是柔弱的人也一定会变得刚强。

【点评】

“博学之，审问之，慎思之，明辨之，笃行之”，并不只是单向前进的顺序，还应该是一种反向促进、循环递进的过程：“学问思辨”之后，要“身体力行”地去呈现、去验证、去推进、去实践；而“身体力行”之后，还要“学问思辨”地去再反思、再学习、再提高、再进步。这便是子夏所说的“仕而优则学，学而优则仕”。一方面，学以致用；另一方面，用以促学。学用相长，学无止境，如此才能不断完善自我。这也是当今社会倡导的“终身教育”的重要理论依据。

【原文】

凡为天下国家有九经，所以行之者一也：凡事预[1]则立，不预则废。言前定则不跲[2]，事前定则不困，行前定则不疚[3]，道前定则不穷。

——《礼记·中庸》

【注释】

[1] 预：事先做好准备。

[2] 跲（jiá）：绊倒。

[3] 疚：病困、困窘，此处指行动困难。

【译文】

凡治理天下国家有九条原则，实行这些原则的办法都是一样的：凡事事先计划好就会成功，不事先计划好就会失败。说话之前先考虑好就不会理屈词穷，做事之前先考虑好就不会遭遇困阻，行动先考虑好就不会出差错，道路预先确定就不会走投无路。

【点评】

我们做任何事情，事先准备充分就容易取得成功，事先不做准备就很容易失败，机会只给有准备的人，事先努力并时刻准备的人获得成功的几率更高，平时不努力且准备不足的人，即便遇到机会也很难获胜。

【原文】

序点又扬觯而语曰："好学不倦[1]，好礼[2]不变，旄期称道[3]不乱，者不？在此位也。"盖廑[4]有存者。

——《礼记·射义》

【注释】

[1] 倦：倦怠。

[2] 礼：礼仪。

[3] 旄（mào）期称道：旄，通"耄"，八十、九十曰旄。期，期颐，百年曰期颐。称，犹言行，指实行。

[4] 廑（jǐn）：同"仅"。

【译文】

序点又举觯告诫众人说："爱好学习而不知倦怠，爱好礼仪而不改变。到九十岁、百岁的高龄还都实行道义而不乱，诸位有这种德行吗？如果有就可以在宾位上。"留下来的人就很少了。

【点评】

此处序点表达了好学不倦的人、终身向善的人才有资格担当射礼主角的重任，塑造了好学不倦、终身为善的道德形象。只有不断进取的人才能成就大事，只有终身为善的人才堪当大任，这样的道德形象对于今日社会仍有正面的道德引领作用。

三、孝亲

【原文】

凡为人子之礼，冬温而夏凊[1]，昏定[2]而晨省[3]，在丑夷[4]不争。

——《礼记·曲礼上》

【注释】

[1] 凊（qìng）：凉快。

[2] 定：铺设枕褥。

[3] 省：问其安否。

[4] 丑夷（yí）：丑，众。夷，犹言“侪”（chái），指同辈或同类。

【译文】

凡做儿子之礼，冬天要让父母感到温暖，夏天要让父母感到清凉，傍晚要为父母铺好枕褥，早晨要向父母请安，在众同辈中不与人争斗。

【点评】

子女对父母的孝亲之爱体现在日常生活的细微之处，譬如日常生活中照料父母的饮食起居，与同辈和睦相处以使父母心安。子女对父母的爱亲孝敬，最重要的就是要想父母所想，忧父母所忧，让父母生活得舒适且舒心。

【原文】

夫为人子者，出[1]必告[2]，反[3]必面，所游必有常，所习必有业，恒言不称老。年长以倍，则父事之；十年以长，则兄事之；五年以长，则肩随[4]之。群居五人，则长者必异席。

——《礼记·曲礼上》

【注释】

[1] 出：外出。

[2] 告：禀告，告知。

[3] 反：通“返”，返回。

[4] 肩随：并行而稍后退。

【译文】

做儿子的，出门前必先当面禀告父母，回来后也必须面告父母，出游的地方必须有常规，学习必须有正业，平常讲话不说“老”字。比自己年长一倍的人，就如同父辈来侍奉；比自己年长十岁的人，就如同兄长来侍奉；比自己年长五岁的人，就可以与他并肩而行但稍后一些。有五个人在一起，就必须为年长者另设一席。

【点评】

做子女的遇事必先告知父母，以免除父母不必要的担忧，这也是子女应尽的孝道。如果事先不把去向告知父母，父母会因担心子女安危而焦虑不安，父母爱子之切定会外出寻找子女，让父母为自己如此忧惧奔跑，这也是为人子女不孝的一种，所以子女外出一定要告知父母自己的去向与归期。

【原文】

听于无声，视于无形，不登高，不临深，不苟[1]訾[2]，不苟笑[3]。孝子不服[4]暗，不登危，惧辱亲也。父母存，不许友以死，不有私财。

——《礼记·曲礼上》

【注释】

[1] 苟：随便，轻易。

[2] 訾（zǐ）：诋毁，说人坏话。

[3] 笑：讥笑。

[4] 服：通“伏”，指潜伏于暗处。

【译文】

虽然没有听见父母的声音，也能揣知父母呼唤自己，虽然看不见父母的身影，也能揣知父母指使自己，不登高处，不临深渊，不随便诋毁别人，也不随便嬉笑别人。孝子不潜伏暗处，不登临危险之地，惧怕因此而使双亲受辱。父母在世，不可对朋友以死相许，不可私存钱财。

【点评】

子女对父母的孝敬有很多种表现，最重要的是把父母装在心里，细心体察并满足父母的心意，即使父母没有明确要求什么，也能在无声之中有所察觉，在无形之中有所察见。子女对父母的孝敬还体现在不让父母为自己担心忧虑，不让自己处于危险境地，积德行善，平安顺遂，父母自然心安意舒。

【原文】

曾子曰："孝子之养老也，乐其心，不违其志，乐其耳目，安其寝处，以其饮食忠养[1]之，孝子之身终[2]。终身也者，非终父母之身，终其身也。是故父母之所爱亦爱之，父母之所敬亦敬之，至于犬马尽然，而况于人乎？"

——《礼记·内则》

【注释】

[1] 忠养：尽心而养。

[2] 孝子之身终：终孝子一生。

【译文】

曾子说："孝子赡养老人，要使老人从心里感到快乐，不违背老人的意志，要使老人的耳目都愉悦，居处感到安适，用老人爱吃的饮食来悉心奉养他们，一直到孝子终身。这里所谓终身，不是终父母之身，而是终孝子之身。因此，父母所喜爱的自己也去喜爱，父母所敬重的自己也去敬重，以至于对父母所爱的狗和马都是如此，何况是对父母所爱的人呢？"

【点评】

孝子侍奉父母，要设身处地地体察父母的心绪和意志，因为父母精神上的满足要比物质上的满足更为重要。孝子对父母的孝亲不只体现在父母在世时令其内心得到满足，还体现在父母过世后为其严守丧礼，不辱没父母之名，这才是子女对父母真正的孝。

【原文】

孝子之有深爱者必有和[1]气，有和气者必有愉[2]色，有愉色者必有婉[3]容。

——《礼记·祭义》

【注释】

[1] 和：和顺。

[2] 愉：愉悦、和悦。

[3] 婉：委婉。

【译文】

孝子对父母有深爱之心的必然会有和顺的态度，有和顺态度的必然会有和悦的面色，有和悦面色的必然会有柔顺的容貌。

【点评】

子女对父母的孝亲之爱，除了基本的孝养之外，更为重要的是对父母的爱敬，对待父母的态度要柔顺谦和，体贴入微，让父母从心理上、精神上感受到愉悦、舒适和满足。子女对父母发自内心的和颜悦色，是对父母最高层次的孝，这往往也是最难做到的。

【原文】

子曰："立[1]爱自亲[2]始，教民睦也；立教自长始，教民顺也。教以慈睦[3]，而民贵有亲；教以敬长，而民贵用命。孝以事亲，顺以听命，错诸天下，无所不行。"

——《礼记·祭义》

【注释】

[1] 立：确立。

[2] 亲：父母双亲。

[3] 慈睦：慈爱和睦。

【译文】

孔子说："确立爱心从爱自己的双亲开始，这样就可以教民和睦；确立教化从敬顺自己的长辈开始，这样就可以教民顺从。用慈爱和睦进行教化，民众就会以有亲爱之心为贵；用敬顺长上进行教化，民众就会以服从命令为贵。用孝敬来侍奉双亲，用顺从来接受命令，把孝敬和顺从推广到天下，就没有行不通的事情了。"

【点评】

从爱自己的父母双亲开始，将这种孝亲之爱推及天下人的父母，老吾老以及人之老，这样就可以使民众和睦相处。子女对父母的爱敬是天底下最自然、最普遍的亲亲之爱，如果能像爱自己的父母一样爱别人的父母，将家庭伦理之爱推行于普天之下，民众之间自然就会互爱互敬，和睦相处。

【原文】

曾子曰："孝有三：大孝尊亲，其次弗辱，其下能养。"公明仪[1]问于曾子曰："夫子可以为孝乎？"曾子曰："是何言与！是何言与！君子之所为孝者，先意承志，谕父母于道。参直养者也，安能为孝乎？"曾子曰："身也者，父母之遗体也，行父母之遗体，敢不敬乎。居处不庄[2]，非孝也。事[3]君不忠，非孝也。莅官[4]不敬，非孝也。朋友不信，非孝也。战陈无勇，非孝也。五者不遂，灾及于亲，敢不敬乎。亨孰羶芗[5]，尝而荐之，非孝也，养也。君子之所谓孝也者，国人称愿然[6]，曰：'幸哉，有子如此！'所谓孝也已。众之本教曰孝，其行曰养。养可能也，敬为难。敬可能也，安为难。安可能也，卒为难。父母既没，慎行其身，不遗父母恶名，可谓能终矣。仁者，仁此者也。礼者，履此者也。义者，宜此者也。信者，信此者也。强者，强此者也。乐自顺此生，刑自反此作。"

——《礼记·祭义》

【注释】

[1] 公明仪：曾子的学生。

[2] 庄：庄重。

[3] 事：侍奉。

[4] 莅官：莅，临、到。莅官，指做官。

[5] 羶（shān）芗（xiāng）：羶，同"膻"，指牛羊肉的气味。芗，同"香"，指用以调味的香草。羶芗，指烧煮牛羊肉的气味，亦泛指牛羊肉。

[6] 然：犹焉。

【译文】

曾子说："孝有三等：最大的孝是使双亲受人尊敬，其次是不使双亲的名声受辱，最下等的孝仅能赡养双亲。"公明仪向曾子问道："先生可以称得上孝吧？"曾子曰："这是哪里的话！这是哪里的话！君子所称为孝的，是在父母还没有指使自己之前就能预先体察父母的心意，去做父母想让自己做的事，并使父母知道做事的正理。我只不过是能赡养父母罢了，哪里称得上孝呢！"曾子说："身体，是父母的遗体。用父母的遗体来做事，哪敢不谨慎！日常起居不庄重，就是不孝。侍奉国君不忠心，就是不孝。为官不严肃认真，就是不孝。对朋友不守信用，就是不孝。临战阵不勇敢，就是不孝。这五个方面都做不到，灾难就会降及双亲，敢不谨慎吗！煮熟的馨香的食物，自己先尝一尝然后进献给父母享用，这还不能算作是孝，只能算作是赡养。君子所称为孝的，是全国的人都称羡羡慕他：'真有福气啊，有这样的儿子！'这才是所谓的孝啊。教育众人的根本就是孝，孝的基本行为就是赡养。赡养可能做到，尊敬父母却不容易。尊敬可能做到，使父母安乐却不容易。使父母安乐可能做到，能终生行孝却不容易。父母死后，谨慎自身的行事，不使父母名声受辱，

可以称得上是终生行孝了。所谓仁，就是以孝为仁。所谓礼，就是履行孝道。所谓义，就是要合乎孝道。所谓信，就是在孝上表现出诚信。所谓强，就是在孝的方面强于人。快乐是由顺行孝道而生，刑罚是由违背孝道而降临。”

【点评】

此处表明孝子对父母最大的孝是使父母受到他人的尊敬，其次的孝是保护父母名声不受辱，最下等的孝是基本的赡养，可见父母精神心理上获得的慰藉与满足远远高于日常赡养方面的满足。子女对父母的大孝更多体现在子女自身取得的德性功业，子女对父母的孝与子女对国家、事业、朋友的尽心尽责是一致的，凡是能为父母争得荣誉的行为就是孝的体现，凡是能让父母蒙羞的行为就是不孝的体现，诸如为官不能尽职尽责、对朋友不讲信誉、战场上临阵脱逃等行为都被视为不孝。

四、治国

【原文】

孔子蚤作，负手曳杖，消摇于门，歌曰："泰山其颓[1]乎，梁木其坏乎，哲人其萎[2]乎。"

——《礼记·檀弓上》

【注释】

［1］颓：坍了。

［2］萎：枯萎，凋落。

【译文】

孔子一早起来，背着手拖着手杖，逍遥自在地在门前散步，唱道："泰山将要坍塌了吧，栋梁将要折坏了吧，哲人将要病逝了吧。"

【点评】

任何事物都有产生、发展、灭亡的过程，泰山何其高大，也有坍塌的一天，哲人何其智慧过人，也有肉体消亡的一天。

【原文】

天尊地卑，君臣定矣。卑高[1]已陈，贵贱位矣。动静[2]有常，小大[3]殊矣。方[4]以类聚，物以群[5]分，则性[6]命[7]不同矣。在天成象，在地成形，如此，则礼者天地之别也。

——《礼记·乐记》

【注释】

［1］卑高：指山泽。

［2］动静：指阴阳用事。

［3］小大：指万物。

［4］方：指万物。

［5］群：类的意思。

［6］性：生，各有嗜好谓之为性。

［7］命：长短寿夭。

【译文】

天是尊贵的，地是卑贱的，君臣之间的关系也就由此而确定了，高低不同的地形已陈列，贵贱的名位也就由此而确定了。阴阳的动静有一定的规律，万物之间的差别也就由此确定了。万物同类相聚，异类相分，就显出各自的禀性和长短不同的生命来。在天的有在天的现象，在地的有在地的形体，这样，就有必要用礼来区分天地万物的差别。

【点评】

礼是用来区分天地万物差别的尺度，事物根据自己的特性及好恶，同类相聚，异类相分，性情相投，因而人生观、价值观相合的人容易相聚一起，而礼在其中矣。

【原文】

故观其舞知其德，闻其谥[1]知其行[2]也。

——《礼记·乐记》

【注释】

[1] 谥：周代兴起的一种制度，根据其人生前事迹而给予的一种称号。

[2] 行：行为。

【译文】

因此，观看诸侯的舞蹈行列，就能知道他的德行如何，就好比听到某人的谥号，就能知道他生前的行为如何。

【点评】

此处表达了透过事物局部而把握事物整体、透过表面细节而把握内在本质的道理，即所谓以小窥大、一叶知秋，我们在日常生活中要注意透过现象发现本质。

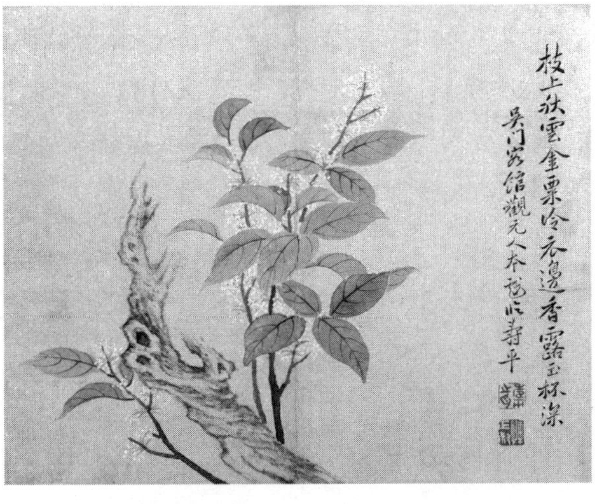

【原文】

明乎《商》之音者，临事而屡断；明乎《齐》之音者，见利而让。临事而屡[1]断，勇也；见利而让[2]，义也。有勇有义，非歌，孰能保此？

——《礼记·乐记》

【注释】

［1］屡：迅速。

［2］让：谦让。

【译文】

懂得《商》这种歌曲的人，临事每每能迅速决断；懂得《齐》这种歌曲的人，能够见利而让。临事而每每能决断，是勇敢的表现；见利而能谦让，是义气的表现。既勇敢而又重义气，不通过歌曲来加以涵养，有谁能保有这种品质呢？

【点评】

古人认为，做事雷厉风行、迅速果断，这种人称得上是有勇有谋；看到利益能够谦让，在可取可不取的时候选择不取，这种人称得上是重义气，能为人所尊敬。而这种既勇敢又重义气的品性源自《商》《齐》两种歌曲的熏陶涵养，五帝流传下来的《商》与三代流传下来的《齐》能通过情感感染激发人的勇敢与义气，这便是乐教的教化作用。

【原文】

君子有三患[1]：未之闻，患弗[2]得闻也；既[3]闻之，患弗得学也；既学之，患弗能行[4]也。君子有五耻[5]：居其位[6]无其言[7]，君子耻之；有其言无其行，君子耻之；既得之而又失之，君子耻之；地有余而民不足，君子耻之；众[8]寡[9]均而倍[10]焉，君子耻之。

——《礼记·杂记下》

【注释】

[1] 患：担忧，忧虑。

[2] 弗：不。

[3] 既：已经。

[4] 行：实践。

[5] 耻：觉得耻辱。

[6] 位：官职、职位。

[7] 言：意见；建议。

[8] 众：民众，百姓。

[9] 寡：少。

[10] 倍：多。

【译文】

君子有三件可担忧的事：没有听说过的知识，担忧没法听到它；已经听说过的知识，担忧没法学会它；已经学会的知识，担忧不能实行它。君子有五件感到耻辱的事：身居其位而不能发表相应的言论，君子感到耻辱；发表言论而没有行动，君子感到耻辱；行动了又半途而废，君子感到耻辱；土地绰绰有余而民众得不到温饱，君子感到耻辱；与别人所役使的民众人数均等而别人取得比自己加倍的功效，君子感到耻辱。

【点评】

人无远虑，必有近忧，有德行的人能够居安思危，善于利用知识充实自己，并将知识施行于社会。有德行的人能够反思自己的德行是否配位，能否为民众谋福利。三患五耻是儒家君子人格的道德标准和价值取向，表明了君子勤奋好学、居安思危、忧国忧民的人格魅力。

【原文】

张而不弛[1]，文、武弗[2]能也。弛而不张，文、武弗为也。一张一弛，文、武之道也。

——《礼记·杂记下》

【注释】

[1] 弛：松弛。

[2] 弗：不。

【译文】

一味地紧张工作而不知道放松，文王、武王也不能做到；一味地放松而不知道紧张，文王、武王都不那样做。既有紧张的时候又有放松的时候，这才是文王、武王治理天下的方法。

【点评】

此处告诉我们，张弛有道、宽严相济才是实现政通人和的文武之道。我们的工作与生活也要注意合理调节，劳逸结合，张弛有道，张而不弛只能使人疲于奔命，弛而不张又会使人无所适从，一张一弛才能调动人的积极性，有节奏地工作、生活。

【原文】

君子曰："礼乐不可斯须[1]去身。"致[2]乐以治心，则易[3]、直、子[4]、谅[5]之心，油然生矣。易、直、子、谅之心生则乐，乐则安，安则久，久则天，天则神[6]。天则不言而信，神则不怒而威：致乐以治心者也。致礼以治躬则庄敬，庄敬则严威。心中斯须不和不乐，而鄙诈之心入之矣；外貌斯须不庄不敬，而慢易[7]之心入之矣。故乐也者动于内者也，礼也者动于外者也。乐极和，礼极顺。内和而外顺，则民瞻其颜色而不与争也，望其容貌而众不生慢易焉。故德辉动乎内，而民莫不承听；理发乎外，而众莫不承顺。故曰致礼乐之道，而天下塞焉，举而措之无难矣。乐也者，动于内者也。礼也者，动于外者也。故礼主其减[8]，乐主其盈。礼减而进，以进为文。乐盈而反，以反为文。礼减而不进则销[9]，乐盈而不反则放[10]。故礼有报而乐有反。礼得其报则乐，乐得其反则安。礼之报，乐之反，其义一也。

——《礼记·祭义》

【注释】

[1] 斯须：片刻，须臾。

[2] 致：详细审视。

[3] 易：平易。

[4] 子：同"慈"，慈爱。

[5] 谅：诚信。

[6] 神：与神明相通。

[7] 慢易：轻率怠慢。

[8] 减：简单。

[9] 销：消灭。

[10] 放：放纵。

【译文】

君子说："礼乐片刻都不能离开身心。"研究乐而用它来加强内心修养，那么平易、正直、慈爱、诚信之心就会自然而然地产生。平易、正直、慈爱和诚信之心产生了，就会感到心情愉悦，心情愉悦了就会内心安定，内心安定了就会持久地修养不息，持久地修养不息就会体达天理，体达天理进而就可与神明相通。体达天理就可以不说话而值得尊信，与神明相通就可以不怒而有威严：这就是研究乐而用它来加强内心修养的结果。研究乐而用它来端正外貌就会庄重恭敬，庄重恭敬就会有威严。心里只要有片刻不平和不快乐，卑鄙奸诈的念头就会侵入；外貌只要有片刻不庄重与不恭敬，轻率怠慢的念头就会侵入。所以乐是影响人的内心的，礼是影响人的外貌的。乐能使人的内心极为平和，礼能使人的外貌极为恭顺，内心平和而外貌恭顺，人们看到他的面色就不和他相争了，望到他的容貌民众就不会产生轻率怠慢的念头了。因此，德润泽于内心，民众就没有不听他的话的；礼从外貌上表现出来，民众就没有不顺从他的。所以说研究礼乐的道理，把它普及全天下，用礼乐来治理国家也就不难了。乐是影响人的内心的，礼是影响人的外貌的。所以礼应该简单，乐应该丰富。礼简单了人们就会努力遵循，努力遵循礼人就会变得美善；乐丰富了人们还不努力遵循就会消灭，乐丰富了人们不能返回本性就会放纵。因此，礼要求回报，而乐要求返本。礼得到应有的回报人就会感到快乐，乐使人返回本性就会安定。礼的回报，乐的返本，二者的意义都是一样的。

【点评】

此处阐述了礼乐在君子德性修养中体现出的不同功用。礼乐是儒家修身与教化不可或缺的重要手段，既是儒家君子人格安身立命的基础，也是儒家教导民众、治理国家的重要手段。礼从外部端正人的体态行为，乐从内部感化熏陶人心。儒家极为注重礼乐相和的教化之道，礼与乐相辅相成，交互融合，礼教用以规范人伦秩序，乐教用以感染化育人心，礼乐达致则可外貌恭顺，内心和润，礼与乐构成了儒家礼乐并重的教化传统，这一教化传统对于重建当今社会的礼乐文明仍有重要的启示意义。

【原文】

君以民存[1]，亦以民亡。

——《礼记·缁衣》

【注释】

［1］存：生存。

【译文】

国君依靠民众而以存在，也会因民众而灭亡。

【点评】

所谓水能载舟，亦能覆舟，得民心者得天下，失民心者失天下，中外历史上无数朝政的兴衰存亡都证明了这个道理，民众永远都是政权存亡的关键因素。

五、礼制

【原文】

《曲礼》曰：毋不敬[1]，俨[2]若思，安、定辞，安民哉。

——《礼记 · 曲礼上》

【注释】

[1] 敬：敬慎、严肃。

[2] 俨：通“严”，端庄。

【译文】

《曲礼》说：做事不要不恭敬认真，神态要庄重若有所思，说话态度安详而言辞确定，这样就能使民众安定。

【点评】

待人接物恭敬认真，为人处世严肃庄重，与人交谈温和从容，这便是朱熹所谓“君子修身，其要在此三者”，此三者不仅是君子修身之要，亦是齐家、治国、平天下之要，如能以此为道德涵养之门径，则可成就自我，进而促成家庭和谐与社会安定。

【原文】

太上[1]贵[2]德，其次[3]务施报。礼尚往来：往而不来，非礼也；来而不往，亦非礼也。人有礼则安，无礼则危，故曰“礼者，不可不学也”。

——《礼记·曲礼上》

【注释】

[1] 太上：指传说中的三皇五帝之世。

[2] 贵：崇尚，重视。

[3] 其次：指后世之王。

【译文】

上古时代崇尚德行，后世讲究施惠和报答。礼提倡往来：此人前往施惠而彼受惠者不来报答，不符合礼的要求；彼人前来施惠而此人不前往报答，也不符合礼的要求。人有礼社会就会安定，没有礼社会就会危险，所以说“礼，是不可不学的”。

【点评】

“礼尚往来”是国人向来重视的礼仪规范，礼特别强调情意表达的双向性，“来而不往”和“往而不来”都是不合乎礼节的行为，“有来有往”才是合乎礼节的行为。我们在日常人际交往中对别人给予自己的善意和尊重要做出礼貌的回敬。

【原文】

为人子者，居不主[1]奥[2]，坐不中席，行不中道，立不中门，食飨不为概[3]，祭祀不为尸[4]。

——《礼记·曲礼上》

【注释】

[1] 主：坐。

[2] 奥：室中西南角，这是室中最尊贵的位置。

[3] 食（sì）飨（xiāng）不为概：食，指食礼。飨，指飨礼。概，为主，做主。

[4] 祭祀不为尸：尸通常是由受祭者之孙代表受祭者，子为尸，就会遇到子受父拜的尴尬。

【译文】

做儿子的，起居不能占据室内西南角的位置，坐不能坐在席位的正中，行不能行走在路的中间，站不能站在门中间，举行食礼和飨礼的时候不能做主事，祭祀的时候不能充当受祭的人。

【点评】

中国古代的家族关系通常按长幼辈分来排序，不同的身份次序要遵从相应的礼仪规范。古人有关行、走、坐、立的礼仪习俗虽已不完全适用于当今社会，然其蕴含的礼义精神仍有一定的启示意义。当今国人在日常生活中也应注意言行举止合乎礼仪规范，履行自己所应承担的职责与义务。

【原文】

夫礼者，所以定亲疏、决嫌疑、别同异、明是非也。礼，不妄说[1]人，不辞费[2]。礼，不逾[3]节，不侵侮[4]，不好狎[5]。修身，践言，谓之善行。行修，言道，礼之质也。

——《礼记·曲礼上》

【注释】

[1] 说（yuè）：通“悦”，取悦。

[2] 不辞费：话不必多，辞达即可。

[3] 逾：逾越、僭越。

[4] 侮：欺侮、侮辱。

[5] 狎（xiá）：与人过度亲近而有失礼敬。

【译文】

礼，是用来确定亲疏、决断嫌疑、区别同异、辨明是非的。依礼而言，不随便取悦他人，不说多余的话。依礼而行，不僭越节度，不侵犯侮辱，不与人过分亲近而失敬。提高自身修养，履行诺言，这就是所谓的善行。行为有修养，言谈符合道理，就体现了礼的本质。

【点评】

礼是明辨是非的尺度，而非取悦他人的门径。礼告诉我们，与人交往要把握礼的节度，与地位尊贵者交往应保持自尊，不在亲近、谄媚中失了自尊，与地位卑下者交往应保持礼敬，不在轻慢、欺侮中失了礼敬。

【原文】

凡奉[1]者当心，提者当带[2]。

——《礼记·曲礼下》

【注释】

[1] 奉：捧持。

[2] 带：指古代贵族束于衣外的大带，位置约在离地面四尺五寸处。

【译文】

凡是捧东西的人要捧在当心处，凡是提东西的人手上屈到当带处。

【点评】

从长者手里领受物品时，要用双手捧持，高度约与当心处齐平，以示尊敬与郑重。赠予别人物品时，也应双手递送到对方手中，递送重物时可提拎至腰带位置交给对方。从待人接物的具体细节上体现出庄重之意，此即所谓礼。

【原文】

君子之容舒迟，见所尊者齐遬[1]，足容重，手容恭，目容端，口容止，声容静，头容直，气容肃[2]，立容德，色容庄，坐如尸，燕居[3]告温温。

——《礼记·玉藻》

【注释】

[1] 齐遬（sù）：遬，迅疾。齐遬，指君子见到尊者疾速以承之。

［2］肃：庄重。

［3］燕居：闲处。

【译文】

君子的仪态从容闲雅，见到尊长的时候要迅疾迎侍，举步要稳重缓慢，举手要恭慎，目不斜视，口不妄言，声不粗厉，头不偏斜，呼吸平静，站立时显出很有德行修养的样子，面容庄重矜持，坐的时候像尸一样庄重，闲处指使人的时候态度温和可亲。

【点评】

此段是有关容礼的整体性描述，强调君子待人接物时所应保持的仪态和修养，容色、仪态和细微举止能体现出人的内在修养。君子面见尊长时举手投足间透出发自内心的谦恭庄重，闲居时容色则温厚可亲，这便是儒家理想的君子之容。

【原文】

凡人之所以为人者，礼义也。礼义之始，在于正容体，齐颜色[1]，顺辞令[2]。容体正，颜色齐，辞令顺，而后礼义备。以正君臣，亲父子，和长幼。君臣正，父子亲，长幼和，而后礼义立。故冠而后服备，服备而后容体正，颜色齐，辞令顺。故曰“冠者礼之始也”，是故古者圣王重冠。

——《礼记·冠义》

【注释】

[1] 齐颜色：指表情庄重得体。

[2] 顺辞令：指说话得体。

【译文】

人之所以成为人，在于有礼义。礼义的开始，在于使容貌体态端正，面部表情得当，言谈辞令和顺。容貌体态端正，面部表情得当，言谈辞令和顺，而后礼义齐备。根据礼义使君臣关系端正，父子关系亲密，长幼关系和睦。君臣关系端正了，父子关系亲密了，长幼关系和睦了，而后礼义得以确立。因此行冠礼而后服装齐备，服装齐备而后容貌体态端正，面部表情得当，言谈辞令和顺。所以说“冠礼是礼的开始”，因此古代圣王都十分重视冠礼。

【点评】

此处所讲的容礼是有关人的姿容、神色、言辞方面的礼仪，关涉到人的德行修养。人之所以为人的根本在于有礼义，礼义是从端正自己的仪态开始的，学礼要从端正容貌体态、严肃面部表情、理顺言谈辞令学起。一个有良好修养的人，首先要体态端正、服饰整洁、表情庄重、言辞得体，这既是内在修养的表露，也是尊重他人的体现。容礼体现了对人对事的郑重之意。

【原文】

幼子常视[1]毋诳。童子不衣裘、裳。立必正方，不倾听。长者与之提携[2]，则两手奉[3]长者之手。

——《礼记·曲礼上》

【注释】

[1] 视：通“示”。

[2] 提携：指搀扶。

[3] 奉：指捧。

【译文】

对幼儿要经常以正确的东西教育他而不可欺骗他。儿童不穿皮裘和裙裳，站立时必须正对四方方位，不歪头侧耳而听。长者搀扶儿童，儿童应该用双手握着长者的手。

【点评】

此段讲述了《礼记》对少儿所作的部分礼仪规定，人在少儿时期养成的生活方式、行为习惯可能会影响终身。如果自幼学习养成知礼、懂礼、守礼、用礼的良好的礼仪习惯，日积月累，日后就会成为一个有教养的文明人；相反，如果自幼养成不知礼、不懂礼、不守礼、不用礼的不良习惯，久而久之，日后就会成为一个缺乏教养的粗野之人。所以，良好的文明礼仪习惯的培育、养成与践行必须从少儿抓起，从生活细节入手，让孩子从小就学礼、知礼、懂礼、守礼、用礼，这将有助于整个社会文明程度的提高。

六、乐教

【原文】

凡三王[1]教世子，必以礼乐。乐所以修内[2]也，礼所以修外[3]也。礼乐交错于中，发形于外，是故其成也怿[4]，恭敬而温文。

——《礼记·文王世子》

【注释】

[1] 三王：夏商周三代。

[2] 内：内心修养。

[3] 外：外在行为。

[4] 怿：愉悦。

【译文】

凡夏商周三代教育太子，必定要以礼乐来进行教育。乐主要用来提高人的内在修养，礼主要用来规范人的外在行为。礼乐交互作用于内心，通过外在行为表现出来，因而能成就愉悦的的心境，恭敬且温文尔雅的仪态。

【点评】

乐教主要是从情感上感染人、熏陶人，礼教主要是从言行上指导人、规范人，具有艺术感染力的乐和作为社会道德规范的礼共同作用，相得益彰，方能培养出内外兼修、身心俱得的尽美尽善人格。

【原文】

音之起，由人心生也。人心之动，物使之然也。感于物而动，故形于声。声相应，故生变。变成方[1]，谓之音。比[2]音而乐[3]之，及干[4]戚[5]羽[6]旄[7]谓之乐。

——《礼记·乐记》

【注释】

[1] 方：这里指条理次序。

[2] 比：组合。

[3] 乐：这里指演奏乐曲。

[4] 干：盾牌。

[5] 戚：一种斧子。

[6] 羽：野鸡羽毛。

[7] 旄（máo）：牛尾。

【译文】

大凡音乐的产生，都产生于人心。人的思想情感变化，是外界事物触发萌动的结果。人心受到外物的触发而激动起来，所以表现为声音。不同的声音彼此相和，由此产生变化，由变化而形成音调，就叫作音，用乐器演奏出音的旋律，并伴以执盾牌、斧头、鸡羽、牛尾所跳之舞，就叫作乐。

【点评】

音乐的产生有两个重要因素，人的内心情感与外在事物的触发，音乐本质上是情感的产物，是以情感为中心的艺术表达方式，可以通过喜怒哀乐等情感而打动人心，唤起人们相应的情感体验。正因为音乐具有这种打动人心的感染力，因而会成为人们艺术审美、道德培养、人格塑造、社会和谐的重要工具。

【原文】

乐也者，圣人之所乐[1]也，而可以善[2]民心，其感人深，其移风易俗，故先王著[3]其教焉。

——《礼记·乐记》

【注释】

[1] 乐：喜爱、喜好。

[2] 善：使民心向善。

[3] 著：犹立，即立司月以下使教贵族子弟。

【译文】

乐是圣人喜爱的东西，乐可以使民心向善，乐可以感人至深，乐可以改变社会风俗，因而先王设立专门的官吏来施行乐教。

【点评】

古代先王重视乐教的原因就在于乐的教化作用，乐可以使人向善，感染人心，令人心气平和，乐还能移风易俗，由此天下得以安宁有序。正因为乐有如此重要的社会政治功能，古圣先王们都喜欢把乐当作治国安邦的统治工具。

【原文】

是故先王慎所以感之者。故礼以道[1]其志，乐以和[2]其声[3]，政以一[4]其行，刑以防其奸。礼、乐、刑、政，其极一也，所以同民心而出治道也。

——《礼记·乐记》

【注释】

[1] 道：同“导”，诱导。

[2] 和：调和。

[3] 声：应作“性”，性情、情感。

[4] 一：统一。

【译文】

所以先王十分注重能对人心产生影响的外界事物。所以用礼来引导人们的志向，用乐来调和人们的性情，用政令来统一人们的行动，用刑罚来防止人们做坏事。礼、乐、刑、政，其根本目的是一致的，都是用来统一民心，从而把社会治理好。

【点评】

礼、乐、刑、政作为治国安邦的重要手段，虽则治理方式不同，礼、乐侧重于教化方式，政、刑侧重于强制方式，然其社会政治目的一致，都是为了实现天下大治、民心一统的社会政治理想。乐具有调和人之性情的治心功能，能使各个阶层的人们在情感上达到一种和谐状态，从而发挥其特有的教化作用。

【原文】

是故先王之制礼乐也，非以极口腹耳目之欲也，将以教民平好恶[1]，而反人道之正也。

——《礼记·乐记》

【注释】

［1］平好恶：使知好恶。

【译文】

由此看来，先王制礼作乐，不是为了极度满足人们口腹耳目的欲望，而是要教导人民明辨好恶，从而回归做人的正道上来。

【点评】

礼、乐的重要目的是教人如何做人，端正已身，引人向善，乐通过对人心的影响而承载着道德教化的政治功能，乐所蕴含的道德内涵表明了乐教作为道德教化工具的本质。

【原文】

是故先王之制礼乐，人为之节。衰麻哭泣[1]，所以节丧纪也。钟鼓干戚，所以和安乐也。婚姻冠笄，所以别男女也。射乡[2]食飨[3]，所以正交接也。礼节民心，乐和民声，政以行之，刑以防之，礼、乐、刑、政四达而不悖，则王道[4]备矣。

——《礼记·乐记》

【注释】

［1］衰（cūi）麻哭泣：衰麻，此处指丧服制度。哭泣，指活人哭死者，何时该哭，何时不该哭，以及用何种哭法，都有明确的规定。

［2］射乡：射，指射箭比赛之礼。乡，指乡饮酒礼。

［3］食飨：指设宴招待宾客。

［4］王道：儒家主张以仁义治天下，称为王道。

【译文】

所以先王制定礼乐，用来节制人们的欲望。制定丧服制度和有关哭泣的礼仪，用来节制人们的丧事活动。设置钟鼓干戚等乐器和舞具，用来调节人们对安乐的享受。制定婚礼、冠礼和加笄礼，用来区别男女。制定射礼、乡饮酒礼、食礼和飨礼，用来调整人们的社交活动。用礼来节制民众的心智，用乐来调和民众的声音，用政令来推行国家的政策措施，用刑罚来防止不轨行为。礼、乐、刑、政畅通四方而不违背，那么王道政治的要求就具备了。

【点评】

此处指出，人的自然情感欲望的抒发需要节制，先王制礼作乐的目的是为了合理控制人之情欲，乐是用来调和人之性情的，使人之安乐享受有所节制。从儒家政治伦理角度而言，乐对人之情欲的适度节制能使人趋于道德人格的圆满，进而实现儒家的王道政治理想。

【原文】

乐者为同[1]，礼者为异。同则相亲，异则相敬，乐胜[2]则流[3]，礼胜则离[4]。合情饰貌[5]者，礼乐之事也。礼义立，则贵贱等矣。乐文同，则上下和矣。好恶著[6]，则贤不肖别矣。刑禁暴，爵举贤，则政均矣。仁以爱之，义以正之，如此则民治行[7]矣。

——《礼记·乐记》

【注释】

[1] 同：协调好恶。

[2] 胜：超过、过分。

[3] 流：流慢而无尊卑之敬。

[4] 离：隔阂、不亲近。

[5] 合情饰貌：合情，感情和谐融洽，这是乐的作用。饰，当作“饬”。饰貌，指人知检点、重仪表，这是礼的作用。

[6] 著：明确。

[7] 民治行：指以此治民而民无不治。

【译文】

乐的作用在于调和，礼的作用在于区别。调和使人互相亲近，区别使人互相尊重。乐过分强调会使人流于散漫而不治敬，礼过分强调会使人与人之间产生隔阂而不亲近。要使人与人之间感情融洽而仪表庄重，就是礼乐的功用。礼义确立了，贵贱等级才能区分。乐的形式统一了，上下关系才能和睦。好坏的标准明确了，贤良的人和无德无能的人才分得清。用刑罚来禁止强暴，用爵位来推举贤能，政治就公平合理了。用仁来爱护民众，用义来端正百姓，这样民众就能治理好了。

【点评】

此处表明礼乐注重情理和谐的儒家中和之道。乐的特性在于求同，求同可以使人相互亲爱。礼的特性在于求异，求异可以使人相互尊敬。过分求同容易使人忽视长幼之差、亲疏之分，过分求异则容易使人疏于流离，只有礼与乐相和，才能相须为用。乐和合人情，使人们相亲和睦。礼注意行为言表，使人们尊卑有序。这便是礼乐在稳定社会政治秩序方面的教化功用。

【原文】

乐由中[1]出，礼自外作。乐由中出故静[2]，礼自外作故文[3]。大乐必易，大礼必简。乐至则无怨，礼至则不争。揖让[4]而治天下者，礼乐之谓也。暴民不作，诸侯宾服[5]，兵革不试，五刑[6]不用，百姓无患，天子不怒，如此则乐达矣。合父子之亲，明长幼之序，以敬四海之内，天子如此，则礼行矣。

——《礼记·乐记》

【注释】

[1] 中：内心。

[2] 静：指心神安宁、情意安舒。

[3] 文：威仪交错。

[4] 揖让：礼让、谦让。

[5] 宾服：服从，归顺。

[6] 五刑：指墨、劓、剕、宫、大辟五种刑罚。

【译文】

乐从内心发出，礼从外部表现。乐从内心发出，所以能使人平静安宁，礼从外部表现，所以形成种种仪节制度。大乐一定是平易的，大礼一定是简朴的。乐教达到要求就没有怨恨，礼教达到要求就没有纷争。古代圣王之所以能以谦恭礼让而治理天下，就是礼乐的作用。违法乱纪的人不出现，诸侯都来归顺，武器无需使用，刑罚无需施行，百姓无灾患，天子不专横，这样乐教的目的就达到了。使父子相互亲睦，使长幼次序分明，使天下的人都互相尊敬，天子能做到这样，就表明礼教得到推行了。

【点评】

礼与乐虽则形式不同，然其政治教化的本质是相通的，礼之教化通过外在行为规范得以实现，乐之教化通过内心情感调和得以实现。礼乐深入人心，则天下大治、民心安定。乐教的重要功能就在于治心，通过平衡、调和人的内在情感欲望，促进各个阶层之间的和睦有序。

【原文】

大乐[1]与天地同和，大礼[2]与天地同节。和故百物不失，节故祀天祭地，明则有礼乐，幽则有鬼神，如此则四海之内合敬[3]同爱矣。礼者殊事，合敬者也。乐者异文[4]，合爱[5]者也。礼乐之情同[6]，故明王以相沿[7]也。故事与时并，名与功偕[8]。

——《礼记·乐记》

【注释】

[1] 大乐：指儒家理想中最完美的乐。

［2］大礼：指儒家理想中最完美的礼。

［3］合敬：使人们相互尊敬。

［4］文：指歌舞等艺术表现形式。

［5］合爱：使人们相互亲近。

［6］礼乐之情同：指礼之事异，而敬之情则同；乐之文殊，而爱之情则同。礼乐之文与事是其末，而爱敬之情是其本。

［7］沿（yán）：同“沿”，指沿用。

［8］事与时并，名与功偕：事，指礼。名，指乐。礼有质文损益，当据时宜以定；乐有《韶》《夏》《濩》《武》，当随事功而立名。

【译文】

大乐与天地和谐一致，大礼与天地具有同样的秩序。大乐能与天地自然地和谐故而可以保持万物的本性而不丧失，大礼能与天地具有自然的秩序故而可以运用来祭祀天地。明处有礼乐对人进行教化，暗中有鬼神助人成事，这样就能使全天下的人互相尊敬、互相亲爱。礼用来区别事物，使人们互相尊敬。乐具有不同的歌舞形式，使人互相亲爱。礼和乐的目的都在于使人互敬互爱，所以历代圣明的君王都相继沿用。因此，礼能因时而宜，乐能因功而作。

【点评】

此处描述了礼、乐臻至的最高境界以及此种境界下和谐的儒家伦理社会秩序。最完美的乐像天地那样和谐，最完美的礼像天地那样有别，万物各得其所而又井然有序，礼、乐相和相辅，天地万物呈现出秩序性与和谐性的统一。此间之乐不只是音乐带来的纯粹的审美愉悦，也不只是儒家自我安顿、统合社会的政治伦理工具，而是充盈宇宙的天地绝响。

【原文】

故钟鼓管磬[1]，羽籥干戚[2]，乐之器也。屈伸俯仰，缀兆舒疾[3]，乐之文也。簠簋俎豆[4]，制度文章[5]，礼之器也。升降上下，周还[6]裼袭[7]，礼之文也。故知礼乐之情者能作，识礼乐之文者能述。作者之谓“圣”，述者之谓“明”。“明圣”者，述作之谓也。

——《礼记·乐记》

【注释】

[1] 钟鼓管磬：指各种乐器。

[2] 羽籥（yuè）干戚：籥，同“龠”。羽籥，古代祭祀或宴飨时舞者所持的舞具和乐器。羽籥干戚，指各种舞蹈道具。

[3] 缀兆舒疾：缀，指舞者的位置。兆，指舞蹈活动的范围。舒疾，指舞蹈节奏的舒缓、疾速。

[4] 簠（fǔ）簋（guǐ）俎豆：指行礼时盛放饭食菜肴的各种器具。

[5] 制度文章：指各种规格文饰。

[6] 周还：即周旋，指行礼时的身体动作。

[7] 裼（xī）袭：裼，袒开正服前襟而露裼衣。袭，掩好正服前襟，不露裼衣。裼袭指古代礼服之制，盛礼以袭为敬，非盛礼以裼为敬。

【译文】

所以，钟鼓管磬，羽籥干戚，都是乐的器具。屈伸俯仰等舞姿，舞蹈者的行列位置和活动范围以及动作的舒缓疾速，都是乐的表现形式。簠簋俎豆等器具和各种规格文饰，都是礼的器具。上堂下堂，绕圈转体和袒衣掩衣，都是礼的表现形式。所以懂得礼乐功用的人才能制礼作乐，懂得礼乐表现形式的人才能传授礼乐。制礼作乐的人称作“圣”，传授礼乐的人称作“明”。所谓“明圣”，就是传授和制礼作乐的意思。

【点评】

在中国古代早期，制礼作乐是关乎国家命脉的社会政治事务，是维系社会政治秩序的重要工具，具有极高的神圣性与权威性，只有通晓礼乐社会功能的圣人和先王才有创制礼乐的合法权。先王通过各种具体礼乐表现形式将社会各领域的规章秩序表现出来，具有强烈的政治目的和治世情怀。

【原文】

乐者，天地之和也；礼者，天地之序也。和，故百物皆化[1]；序，故群物皆别。乐由天作，礼以地制。[2]过制则乱，过作则暴。[3]明于天地，然后能兴礼乐也。

——《礼记·乐记》

【注释】

[1] 化：生。

[2] 乐由天作，礼以地制：礼乐法天地。

[3] 过制则乱，过作则暴：过，犹误。暴，失文武之意，指文乐武乐相杂。

【译文】

乐，体现了天地间的和谐；礼，体现了天地间的秩序。因其和谐，所以万物都能融洽共处；因其秩序，所以万物都有其差别。乐是法天而作，礼是仿地而制。礼的制作破坏了秩序就会引起混乱，乐的制作破坏了和谐就会导致偏激。弄清楚礼乐与天地的关系，然后才能制礼作乐。

【点评】

此处强调制礼作乐的重要前提是理清礼乐与天地之间的关系，乐的功用在于调和天地间的关系，使之平衡和谐；礼的功用在于维系天地间的秩序，使之安定有序。而和谐有序正是先王制礼作乐最重要的伦理关怀。

【原文】

德者，性之端也。乐者，德之华也。金石丝竹，乐之器也。诗言其志也，歌咏其声也，舞动其容也，三者本于心，然后乐器从之。是故情深而文明[1]，气盛而化神[2]。和顺积中，而英华[3]发外，唯乐不可以为伪。

——《礼记·乐记》

【注释】

[1] 文明：指音乐文采鲜明。

[2] 化神：变化神妙。

[3] 英华：本意是指草木之美，此处指乐之美。

【译文】

德行，是人的正性的表露。乐，是德行的花朵。金石丝竹，是演奏乐的器具。诗表达乐的意志，歌吟唱乐的声调，舞表演乐的仪态。诗、歌、舞三者都发自内心，然后乐器跟着配合演奏。所以乐的情感深切而文采鲜明，气氛浓厚而变化神妙。有和顺的情感聚积在心中，才会有美妙的神采表现在外表，只有乐是来不得虚伪的。

【点评】

乐是一门综合性的艺术表现形式，既有发自内心的真实深厚的情感内容，又有诗、歌、舞等鲜明生动的表达形式，是情感与情感表达形式的和谐统一。乐作为一种人文教化工具，乐教的效用取决于德行，有什么样的德行就会产生什么样的乐音，先王通过制定美妙和谐的乐来推行道德教化，使民众不仅获得审美愉悦，更能获得道德情操的浸润与教化。

《周易》

《周易》概论

一、《周易》成书

《周易》，儒家经典“五经”之一，又称《易》或《易经》。今所传《周易》由经和传两部分组成。经文部分原为卜筮之书，共六十四卦，分为上下两篇，由卦画、卦辞与爻辞组成。占卜之人占得某卦的某爻，就可以凭借卦辞、爻辞断其吉凶。一般认为经文成书于西周初年，有的人认为六十四卦卦爻辞出于周文王与周公之手。传文是解释经文的，古称“十翼”，包括《彖上》《彖下》《象上》《象下》《文言》《系辞上》

《系辞下》《说卦》《序卦》与《杂卦》。传文较经文晚出，并非出自一人之手，成篇年代也有早晚。一般而言，出自孔子及孔门弟子之手，大致是可信的。

二、《周易》传衍

早期《周易》的经和传是分开的，至东汉末年，郑玄把《彖》《象》掺入经的卦爻之中，并把《文言》附于乾、坤二卦之后，这种体例一直为后世所沿用。《周易》比较重要的古人注释本有唐李鼎祚的《周易集解》、宋程颐的《周易程氏传》、宋朱熹的《周易本义》，清李镜池的《周易集解纂疏》。除此而外，《周易》注解浩繁，并由此形成专门的“易学”，要而言之，有象数、义理两派。象数更多地留意于《周易》的卜筮功能，义理则注重于发掘经典中所蕴含的奥义。

《周易》选编

一、礼与君子养成

【原文】

雷在天上，大壮，君子以非礼弗履[1]。

——《周易·大壮·象》

【注释】

[1] 履：践履，践行。

【译文】

雷震动于天上，宏大而壮观，君子取法于此，不合于礼的决不去践行。

【点评】

这句话出自《周易》“大壮”卦的《象传》。“大壮”卦从卦象上看，上为震下为乾，寓意为“雷在天上”，是自然天象的一种壮观。非礼弗履的君子，取法于此，体现了君子德行中的一种刚健、强劲与勇敢。

【原文】

“劳[1]谦，君子有终，吉。”子曰：“劳而不伐[2]，有功而不德，厚之至也。语以其功下人者也。德言盛，礼言恭。谦也者，致恭以存其位者也。”

——《周易·系辞上》

【注释】

［1］劳：功劳。

［2］伐：矜夸。

【译文】

“有功劳却保持谦卑，君子有始有终，吉利啊。”孔子说：“有苦劳却不自我矜夸，有功劳却不自以为德，厚道到极致了。这讲的是有功劳却能对人谦下。德唯恐不盛大，礼唯恐不谦恭。谦卑，是表达恭敬并能久居于其位的美德。”

【点评】

儒家并不教人迂腐，《周易》所赞叹的盛德大业，鼓励人们成就一番轰轰烈烈的事业。但与此同时，礼能够使事业有成者保持足够的谦卑与清醒，只有这样，所谓盛德大业才能保持恒久。《论语》里称赞“富而好礼”，也包含有这样的意思。

【原文】

履[1]以和行，谦以制礼。

——《周易·系辞下》

【注释】

［1］履：此处指礼。

【译文】

礼因和而行得通，谦卑才能制礼。

【点评】

和，是使不同的人和平、和谐相处，而不是消弭他们之间的差异，所以《论语》说：“礼之用，和为贵。”礼的实质在于卑己尊人，因此也唯有保持谦卑，才能制礼作乐。

二、礼与国家治理

【原文】

物畜[1]然后有礼，故受之以履。履而泰，然后安，故受之以泰。

——《周易·序卦》

【注释】

［1］畜：聚集。

【译文】

物聚集之后要有礼来疏导，所以“小畜”之后是“履”。有礼才能通泰，才能相安无事，所以“履”之后是“泰”。

【点评】

这段话出自《序卦》传，用以解释《周易》六十四卦的顺序。这里涉及三卦——小畜、履和泰，三者在《周易》中以先后顺序出现，其中也说明了“礼”具有疏通财货的作用，这样才能保持社会安定。《论语》记录了孔子和他的弟子这样的一段对话：“子适卫，冉有仆。子曰：‘庶矣哉！’冉有曰：‘既庶矣，又何加焉？’曰：‘富之。’曰：‘既富矣，又何加焉？’曰：‘教之。’”“庶”指人口众多。对于一个国家而言，人口众多、人民富足之后，就需要广泛的教育，“礼”当然是教育的重要内容。

【原文】

有天地然后有万物，有万物然后有男女，有男女然后有夫妇，有夫妇然后有父子，有父子然后有君臣，有君臣然后有上下，有上下然后礼义有所错[1]。

——《周易·序卦》

【注释】

［1］错：通“措”，措置，安置。

【译文】

有天地就会有万物，有万物就会有男女，有男女就会有夫妇，有夫妇就会有父子，有父子就会有君臣，有君臣就会有上下，有上下就会有礼义来安顿他们。

【点评】

天地万物，林林总总，以人伦而言，则有男女、夫妇、父子、君臣等不同的角色，他们需要承担的责任和履行的义务不尽相同，“礼”对这些有所措置，有所安顿。“礼”并不是要消弭他们之间的差别，而是在差异中达成一种平和的秩序，使其各得其所。

《左传》

《左传》概论

一、《左传》成书

《左传》是《春秋左氏传》的简称，又名《左氏春秋》。《左传》是解释《春秋》的，与《春秋公羊传》和《春秋穀梁传》共同构成《春秋》三传，被列入儒家十三经中，受到后世的尊崇。

《春秋》本是春秋时期各国史书的通称，因为当时人对一年四季中的春和秋很重视，所以常把“春秋”连用，将国史称为“春秋”。其中，《春秋》又是鲁国国史的专名。《春秋》的作者，现在一般认为是鲁国多名史官在不同历史时期编撰而成的，孔子曾经拿《春秋》作为教育学生的教材，因此孔子和《春秋》之间也有着割舍不断的联系。《春秋》记载了从鲁隐公到鲁哀公，历十二代君主，计二百四十四年的鲁国及其他国家的历史，其经文仅一万六千多字。

因为《春秋》行文极为简略，故《左传》根据鲁国国史《春秋》进行解释，记载了从鲁隐公到鲁哀公共二百五十四年的春秋历史，绝大多数是叙述春秋时期鲁国及其他各国史实的，也有一些是对人对事的评论，传文共有十八万多字，因此是儒家十三经中篇幅最大的一部经典。《左传》大约成书于战国初期，即在公元前 403 年魏斯为侯之后，周安王十三年（前 389 年）以前，离鲁哀公末年六十多年到八十年，流行于战国时期。

二、《左传》价值

《左传》在后世的流传过程中，其价值不断被人们发现。最初《左传》是作为《春秋》解经的经书之一（其他两部是《春秋公羊传》和《春秋穀梁传》）。后来，因为《左传》较为详细记载了春秋时期鲁国及其他各国的历史史实，研究春秋时代各国的政治情况、典章制度、历史人物、历史事件均离不开《左传》，故也将其视为记录春秋历史的重要历史著作。同时，《左传》自身具有高超的文学成就，如《左传》中有很多记述历史人物和历史事件的精彩片段，还有很多“赋诗言志”的故事，以及精彩的语录和成语等。这个特点，少儿读者朋友在阅读下面的《左传》选文时会有感受。因此，《左传》对于后世的史传文学、散文、小说乃至文学思想等均有深远的影响，甚至还给今天的文学创作和影视创作提供了大量的素材和灵感。

《左传》选编

《左传》是我国第一部记事完备的编年体史书，以历史发展的时间先后编排内容，所以我们的选篇也按照《左传》中的历史发展先后顺序进行编排，选择其中适宜少儿读者阅读的选段共 15 则，始于“隐公三年”，止于“昭公二十六年”。

一、隐公三年：君子论“周郑交质”

【原文】

君子曰：“信不由中[1]，质无益也。明恕[2]而行，要[3]之以礼，虽无有质，谁能间之？苟有明信，涧、溪、沼、沚之毛[4]，蘋、蘩、薀藻之菜[5]，筐、筥、锜、釜之器[6]，潢、污、行潦之水[7]，可荐于鬼神，可羞[8]于王公，而况君子结二国之信，行之以礼，又焉用质？《风》有

《采蘩》《采蘋》,《雅》有《行苇》《泂酌》,昭忠信也。”

【注释】

[1] 信不由中:信,诚信。中同“衷”,指衷心,内心。诚信不是发自内心。

[2] 明恕:即宽恕、宽容。

[3] 要(yāo):约束。

[4] 涧、溪(xī)、沼、沚(zhǐ)之毛:涧、溪,均是山沟水。沼、沚,均是池塘。毛,地表生长的草木。涧、溪、沼、沚之毛,山沟水和池塘里生长的草木。

[5] 蘋(pín)、蘩(fán)、薀(wēn)藻(zǎo)之菜:蘋,池塘浅水中小草本植物。蘩,草本植物,白蒿。薀藻,聚集的藻草。蘋、蘩、薀藻之菜,即蘋、蘩、薀藻三种野菜。

[6] 筐、筥(jǔ)、锜(qí)、釜(fǔ)之器:筐、筥,均是盛物的竹器,方为筐,圆为筥。锜、釜,均是烹饪器具,有足为锜,无足为釜。

[7] 潢(huáng)、污(wū)、行(háng)潦(lǎo)之水:潢、污,均是积水,大的积水叫潢,小的积水叫污。行潦,行,道路。潦,路上的流水。行潦,道路上流动的水。

[8] 羞:进献,与“荐”义同。

【译文】

君子说:“诚信不是发自内心,即使是有人质也没什么益处。相互宽恕而后行事,以礼仪来加以约束,虽然没有什么人质作抵押,可是谁又能离间他们彼此的关系呢?只要彼此宽恕诚信,涧、谿、沼、沚里生长的草木,蘋、蘩、薀藻之类的野菜,筐、筥、锜、釜之类的器物,潢、汙、行潦之类的积水,都可以向鬼神进献,也可以向王公进献,何况君子缔结两个国家之间的信任,以礼仪来行事,又哪里用得上人质呢?《国风》有《采蘩》《采蘋》,《大雅》有《行苇》《泂酌》,就是表明忠诚和诚信的。”

【点评】

在《左传》中，常会以“君子曰”的形式来表达作者对于历史事件和历史人物的看法。隐公三年的这段“君子曰”，其背景就是“周郑交质”。当时随着周王室的衰微，诸侯国群雄并起。为了寻求所谓的和平，周王室和郑国分别派出人质进行互换，而这里的“君子曰”就是对这一历史事件的评价，其中，作者将郑国与周王室并称为“二国”，实际蕴含了对郑国的批评，属于“春秋笔法”。

作者在这里强调了“明恕而行，要之以礼，虽无有质，谁能间之”，说明了无论是人与人之间，还是国与国之间“明恕”和“礼”的重要性，这对于我们今天处理人际关系，也具有一定的现实价值。

二、隐公十一年：君子谓郑庄公有礼

【原文】

君子谓："郑庄公于是乎有礼。礼，经[1]国家，定[2]社稷，序[3]民人，利后嗣[4]者也。许，无刑[5]而伐之，服而舍之，度[6]德而处之，量力而行之。相时[7]而动，无累后人，可谓知礼矣。"

【注释】

[1] 经：经营治理。

[2] 定：安定。

[3] 序：使百姓有序，即按次序排列，也即治理之意。

[4] 后嗣（sì）：后代。

[5] 无刑：违背法度。

[6] 度（duó）：估量，衡量。

[7] 相时：观察时机。

【译文】

君子说："郑庄公在这件事上是有礼的。礼，是用来经营治理国家，安定社稷，使百姓有序，使后代获得利益的东西。许国因为违背法度而被讨伐，许国服罪就饶恕它，估量德行而处置它，衡量自己的力量而去实行。观察时机而采取动作，不连累后人，可以说是知道礼了。"

【点评】

此段中君子对于"郑庄公于是乎有礼"的评价，其背景是郑庄公联合齐、鲁伐许后，齐、鲁出于各自的考量而将许让于郑。最终郑庄公并未完全占领许国，而是让许国大夫百里在许城东部侍奉许庄公的弟弟许叔，后派郑国大夫公孙获前往许国的西边任职辅佐许国大夫百里。郑庄公是郑国的国君，是春秋时期的霸主之一，他以自己的政治智慧处理了这件事情。后世对其评价莫衷一是，在这里不展开讨论。我们侧重谈一下《左传》作者借君子之口所说的“礼”的价值和重要性。《左传》重“礼”，书中多次讲到“礼”，认为“礼”经天纬地，作用很大很丰富。这里谈到“礼”对于“国家”“社稷”“民人”和“后嗣”所具有的重要价值。这既是对郑庄公的评价，也是对礼的作用的一次正面阐释。

三、僖公十一年:“礼”与“敬”

【原文】

礼，国之干[1]也。敬，礼之舆[2]也。不敬，则礼不行。礼不行，则上下昏[3]，何以长世[4]？

【注释】

[1] 干：根本。

[2] 舆：车。礼无敬不行，故以此为喻。

[3] 昏：乱。

[4] 长世：继世长存。

【译文】

礼，是国家的根本。敬，是载礼的车子。不敬的话，那么礼就无法实行。礼如果不实行的话，那么上下就会昏乱，怎么能够继世长存呢？

【点评】

这一段中依然强调了“礼”的重要性，认为“礼是国家的根本”。同时，还运用了一个比喻，将“敬”比作“车”，说明了只有具备了“敬”的“礼”才能实行。特别点明了“礼”与“敬”之间密不可分的关系。

四、僖公二十七年：晋大夫郤縠悦礼、乐而敦《诗》《书》

【原文】

赵衰[1]曰：“郤縠[2]可。臣亟[3]闻其言矣，说[4]礼、乐而敦[5]《诗》《书》。《诗》《书》，义之府也；礼、乐，德之则也。德、义，利[6]之本也。”

【注释】

[1] 赵衰（cuī）：晋大夫。

[2] 郤（xì）縠（hú）：晋大夫。

[3] 亟（qì）：多次，屡次。

[4] 说：同“悦”。

[5] 敦：崇尚。

[6] 利：利益。

【译文】

赵衰说：“郤縠可以。臣多次听过郤縠的言论，他喜欢礼、乐而且崇尚《诗》《书》。《诗》《书》是义理的府库；礼、乐是德行的准则。德行和义理是利益的根本。”

【点评】

晋文公问晋大夫赵衰谁能担任中军元帅，赵衰推荐了晋大夫郤縠，其理由是郤縠喜欢礼乐且崇尚《诗》《书》，而这样的人才，正是春秋时期被认可的贤才。史书记载郤縠德才兼备，关心百姓，同时还受到晋大夫赵衰的举荐，被晋文公重用，得以施展自己的才华，后世尊称郤縠为“千古儒将”。本段即是赵衰对郤縠的高度评价，也充分说明了学习经典和重视礼乐的必要性和重要性。

五、成公二年：孔子论“器与名”

【原文】

仲尼闻之，曰：“惜也，不如多与之邑[1]。唯器与名[2]，不可以假[3]人，君之所司[4]也。名以出信[5]，信以守器[6]，器以藏礼，礼以行义[7]，义以生利[8]，利以平民，政之大节也。若以假人，与人政也。政亡，则国家从之，弗可止也已。”

【注释】

[1] 邑：都邑，城市。

[2] 器：器物。名：名号。器物与名号，均代表人的身份。

[3] 假：给予。

[4] 司：掌握。

[5] 信：威信。

[6] 守器：守住象征其地位的器物。

[7] 义：道义。

[8] 利：利益。

【译文】

孔子听说了此事，说：“可惜了，不如多给他几个都邑。只有器具与名号不可以给予人，因为这是国君所掌握的。有了名号就有了威信，有了威信就可以守住象征其地位的器物，器物体现了礼，礼用来推行道义，道义产生利益，利益可以治理百姓，这是政事的根本。假如把器物与名号给予别人，就是给别人政权。政权丢失了，那么国家也会跟着灭亡，这是不可以阻止的。”

【点评】

孔子非常重视“名”，在《论语》中他就强调：“名不正，则言不顺；言不顺，则事不成；事不成，则礼乐不兴；礼乐不兴，则刑罚不中；刑罚不中，则民无所措手足。故君子名之必可言也，言之必可行也。”因为“名”其实是礼和秩序的象征。同样，器物也反映出其背后的礼。故“器与名”是礼的最直接的表现形式，礼就成了政事的根本。

六、成公十四年：君子论《春秋》之价值

【原文】

故君子曰："《春秋》之称[1]，微而显[2]，志而晦[3]，婉而成章[4]，尽而不污[5]，惩恶而劝[6]善，非圣人，谁能修之？"

【注释】

[1]称：言、说。

[2]微：言辞不多。显：意义明显。

[3]志：记载史实。晦：意义幽深。

[4]婉：表达婉转曲折。章：章法。

[5]尽：尽其事实。污：通"纡"（yū），歪曲。

[6]劝：鼓励，奖励。

【译文】

所以君子说："《春秋》的言辞，言辞不多而意义明显，记载史实而意义幽深，表达婉转曲折而有章法，尽其事实而无所歪曲，惩罚恶行而奖励善行，如果不是圣人的话，谁能撰写它呢？"

【点评】

《左传》中多"君子曰"，即在对一段历史史实记述过后，作者以"君子曰"的形式来直接表达自己的观点。《左传》中这段对《春秋》的评价很高，后世亦将"春秋之称"叫作"春秋笔法"，也叫"春秋书法""微言大义"，即在记述历史时，通过对史料的选择、词汇的修辞等手段来婉转微妙地表达作者的观点，其中暗含褒贬，甚至达到一字寓褒贬的程度。

七、成公十五年：君子应守信和守礼

【原文】

楚将北师[1]，子囊[2]曰："新与晋盟而背之，无乃不可乎？"子反[3]曰："敌利则进，何盟之有？"申叔时[4]老矣，在申[5]，闻之，曰："子反必不免。信以守礼，礼以庇[6]身，信、礼之亡[7]，欲免，得乎？"

【注释】

［1］北师：出兵北上，指楚国将侵犯郑国、卫国。

［2］子囊：名贞，楚庄王之子，共王弟公子贞。

［3］子反：公子侧，楚司马。

［4］申叔时：楚大夫。

［5］在申：告老回归本邑。申为申叔时食邑，在今河南省南阳市。

［6］庇：保护。

［7］亡：无。

【译文】

楚国将北上出兵侵犯郑国和卫国。子囊说："楚国刚刚与晋国结盟而背弃盟约，恐怕不可以吧？"子反说："敌情有利于我们就前进，管他有什么盟约呢？"申叔时告老回归本邑申，听说了这件事，说："子反一定不会免于灾祸。信用是用来保守礼的，礼义是用来保护自身的，信用和礼义都没有了，想要免除灾祸，能吗？"

【点评】

《左传》中的这个小故事，充分说明了信用和礼义的重要性。根据史书记载，这个不遵守信用和礼义的子反在第二年（成公十六年）于鄢陵战败被杀，印证了申叔时这位老人的预言“子反必不免”。

礼义是外在的形式，而其内在的底色则是信用。这也反映出《左传》中崇德尚礼、反对不义战争的精神特质。

八、襄公四年：君子论守礼

【原文】

君子曰：“《志》[1]所谓‘多行无礼，必自及[2]也’，其是之谓乎！”

【注释】

[1]《志》：古书名。

[2]必自及：祸必将自及。及：赶上，追上。

【译文】

君子说：“《志》所谓‘多做无礼的事，祸患必将追到自己身上’，说的就是这样的事情吧！”

【点评】

这一段“君子曰”可以与上一段成公十五年的小故事对照着看，都是强调人不能做无礼的事情，否则祸患必将自及。这同样说明了人要守礼的重要性。

九、襄公十一年：居安思危

【原文】

夫乐以安德[1]，义以处之[2]，礼以行之，信以守之，仁以厉[3]之，而后可以殿[4]邦国、同福禄、来远人，所谓乐[5]也。《书》曰："居安思危"，思则有备，有备无患。敢以此规[6]。

【注释】

［1］夫乐以安德：夫，句首语气词，无实义。乐：音乐。乐以安德：以乐安德，用音乐安稳德行。

［2］义以处之：以义处之，"之"指"德"，用道义来对待德行。

［3］厉：同"励"，鼓励。

［4］殿：镇守。

［5］乐（lè）：快乐。

［6］规：规谏、规劝。

【译文】

用音乐安稳德行，用道义对待德行，用礼仪推行德行，用信用保守德行，用仁爱鼓励德行，而后就可以镇守邦国、共同享受福禄、招来远方的人，这就是所谓的快乐。《书》说："处于安定时要想到危险"，想到了就有所戒备，有戒备就没有祸患。冒昧以此来规劝君王。

【点评】

这一段强调了"德行"的重要性以及如何对待"德行"。儒家强调"以德治国”，如《论语》之《为政篇第二》中说：子曰：“为政以德，譬如北辰居其所而众星共之。”同时还教导人们要“居安思危”。这些思想均对中国后世产生了深远的影响。

十、襄公二十九年：吴国公子季札观乐舞

【原文】

吴公子札[1]来聘[2]，……请观于周乐。使工[3]为之歌《周南》《召南》，曰：“美哉！始基之矣，犹未也，然勤而不怨矣。”为之歌《邶》《鄘》《卫》，曰：“美哉渊乎！忧而不困者也。吾闻卫康叔[4]、武公[5]之德如是，是其卫风乎！”为之歌《王》，曰：“美哉！思而不惧，其周之东乎！”为之歌《郑》，曰：“美哉！其细已甚，民弗堪也。是其先亡乎！”为之歌《齐》，曰：“美哉，泱泱[6]乎！大风也哉！表东海者[7]，其大公[8]乎！国未可量也。”为之歌《豳》，曰：“美哉！荡乎[9]！乐而不淫，其周公之东乎！”为之歌《秦》，曰：“此之谓夏声。夫能夏则大，大之至也，其周之旧乎！”为之歌《魏》，曰：“美哉，沨沨[10]乎！大而婉，险而易行，以德辅此，则明主也。”为之歌《唐》，曰：“思深哉！其有陶唐氏[11]之遗民乎！不然，何其忧之远也？非令德之后，谁能若是？”为之歌《陈》，曰：“国无主，其能久乎！”自《郐》以下无讥焉。为之歌《小雅》，曰：“美哉！思[12]而不贰，怨而不言，其周德之衰乎？犹有先王之遗民焉。”为之歌《大雅》，曰：“广哉，熙熙[13]乎！曲而有直体，其文王之德乎！”为之歌《颂》，曰：“至矣哉！直而不倨[14]，曲

而不屈[15]，迩而不逼，远而不携[16]，迁而不淫[17]，复而不厌，哀而不愁，乐而不荒，用而不匮，广而不宣[18]，施而不费[19]，取而不贪，处[20]而不底[21]，行而不流。五声[22]和，八风[23]平。节有度[24]，守有序[25]，盛德之所同也[26]。"

见舞《象箾[27]》《南籥[28]》者，曰："美哉，犹有憾。"见舞《大武》者，曰："美哉，周之盛也，其若此乎！"见舞《韶濩[29]》者，曰："圣人之弘也，而犹有惭德，圣人之难也。"见舞《大夏》者，曰："美哉！勤而不德，非禹，其谁能修之？"见舞《韶箾》者，曰："德至矣哉，大矣！如天之无不帱[30]也，如地之无不载也。虽甚盛德，其蔑[31]以加于此矣，观止矣。若有他乐，吾不敢请已。"

【注释】

[1] 吴公子札：札，即季札，吴王寿梦第四子，有贤名。鲁襄公二十九年，出访鲁、齐、晋、郑、卫等国。

[2] 聘：访问，特指诸侯之间通问修好。

[3] 工：工人、手工业者，引申为乐工、乐人。

[4] 卫康叔：名封，周公弟，先封康，后徙卫。

[5] 武公：名和，卫康叔九世孙。

[6] 泱泱：水深广貌，引申为宏大貌，此处指宏大之声。

[7] 表东海者：为东海诸国之表率。

[8] 大公：齐太公，姜尚。

[9] 荡乎：博大貌。

[10] 沨（fēng）沨：形容乐声婉转悠扬。

[11] 陶唐氏：帝尧。尧初封陶，后都唐。

[12] 思：忧思。

[13] 熙熙：和乐貌。

［14］倨：倨傲。

［15］屈：卑下。

［16］携：离开。

［17］淫：乱，动荡。

［18］宣：宣扬，发扬。

［19］费：花费，耗费。

［20］处：不动。

［21］底：停滞。

［22］五声：宫、商、角、徵、羽五声。

［23］八风：八方之风。

［24］节有度：乐曲节奏有一定的尺度。

［25］守有序：各种乐器交相鸣奏，但都有一定的次序，相守不乱。

［26］盛德之所同也：谓文、武、成、康盛德皆同。

［27］象箾（xiāo）：《象箾》，舞名。执箾而舞象舞，故称《象箾》。

［28］南籥（yuè）：籥：古管乐器。

［29］韶濩（hù）：亦称“大濩”，殷汤之乐。

［30］帱（dào）：覆盖。

［31］蔑（miè）：无，没有。

【译文】

吴国的季札来访问……请求观看周乐。于是让乐工为他歌唱《周南》《召南》，季札说：“美啊！已经开始为王业奠定基础了，犹未成功，而百姓虽然劳苦但不怨恨。”为他歌唱《邶风》《鄘风》《卫风》，季札说：“美啊！深厚啊！有忧愁但不困顿。我听说过卫康叔、武公的德行就是这样的，是这个《卫风》这样的！”为他歌唱《王风》，季札说：“美啊！有忧思但不恐惧，是周东迁之后的乐诗吧。”为他歌唱《郑风》，季札说：“美啊！歌词多男女间琐碎之事，有关政治极少，百姓不能忍受。郑要先灭亡吧！”为他歌唱《齐风》，季札说：“美啊，宏大之声！这是大国的音乐吧！为东海诸国之表率，那是太公的国家吧！这个国家的前程不可限量。”为他歌唱《豳风》，季札说：“美啊，真博大啊！欢乐但不过分，这是周公东征时的歌吧！”为他歌唱《秦风》，季札说：“这就叫作西方的夏声。能发出夏声的声音就大，大到了极致，这是周朝的旧乐吧！”为他歌唱《魏风》，季札说：“美啊，婉转悠扬之声啊！声音大但委婉曲折，节拍局促但容易歌唱，如果再用道德辅佐，那么一定是明主吧。”为他歌唱《唐风》，季札说：“忧思很深啊！这是陶唐氏的遗民吧！不然的话，怎么会忧思如此深远？不是美德者的后代，谁能如此呢？”为他歌唱《陈风》，季札说：“国家没有主人，是不能够长久的！”自《郐风》以下，季札再没有议论了。为他歌唱《小雅》，季札说：“美啊！虽然有忧思但没有背叛之心，虽然有哀怨但不说，莫不是周德衰落的音乐吧？还有先王的遗民在啊。”为他歌唱《大雅》，季札说：“真宽广啊，听起来真是和乐！乐曲有抑扬顿挫高下之妙，而本体则刚直，这是周文王的德行啊！”为他歌唱《颂》，季札说：“好极了！正直无私而又没有倨傲，虽能委曲而不曲折，虽然与君王亲近但不侵犯君王，虽相距甚远但不离开，虽经迁徙而不邪不乱，反复往来而不厌倦，哀伤而不忧愁，快乐而不过度，行其德而不匮乏，心宽广而不宣扬，施惠而不会耗费，虽取得但不为贪，静止而不停滞，行动而不流荡。宫、商、角、徵、羽五声和谐，八方之风乐曲协调。乐曲节奏有一定的尺度，各种乐器交相鸣奏，但都有一定的次序，相守不乱，文、武、成、康盛德皆同。”

季札看见跳《象箾》《南籥》舞，说：“美啊！然而还有遗憾。”看见跳《大武》舞，说:“美啊！周朝的兴盛，就像是这样吧！”看见跳《韶濩》舞，说:“圣人真伟大，但还有惭愧之德，圣人真难啊。”看见跳《大夏》舞，说：“美啊！勤劳而不自以为是一种美德，如果不是大禹，谁能创造此乐舞？”看到跳《韶箾》舞，说：“道德到达顶点了，真伟大啊！就好像天无所不覆盖啊，就好像地无所不承载啊。德行大到了顶点，再没有办法增加一点到这德行上了，尽善尽美至于最大限度，达到止境了。如果还有其他乐舞，我也不敢再请求了。”

【点评】

“季札观乐舞”是《左传》中非常有名的一个段落，主要讲述了吴公子季札出使鲁国，鲁国乐工为他演奏周王室的乐舞。上文中记述了鲁国乐工为季札演奏的顺序是：先是伴有歌词的演唱《周南》《召南》《邶》《鄘》《卫》《王》《郑》《齐》《豳》《秦》《魏》《唐》《陈》《郐》《小雅》《大雅》《颂》，最后是舞蹈《象箾》《南籥》《大武》《韶濩》《大夏》《韶箾》。以上伴有歌词的演唱的乐名和顺序，与现存的《诗经》大体上相同，只是《豳》提前，自《郐》以下，季札没有评论，同时文中没有记载《曹》，故“十五国风”只有“十四国风”。

鲁国乐工为季札歌唱和跳舞，季札不断地进行点评，并大加赞赏，表达了自己对于乐舞的艺术见解，同时，还将音乐与政治联系起来，对后世的儒家乐论影响很深。最后，季札叹为“观止”。“观止”就是指所见事物尽善尽美，无以复加，表示达到了顶点，无需再观看别的了，充分表明了季札对于周乐以及周乐所代表的周朝文化的尊崇。后来的古文选本《古文观止》的书名即由此而来。

十一、昭公七年：礼乃人之立身之本

【原文】

礼，人之干[1]也。无礼，无以立[2]。

【注释】

[1] 干：体，躯干。

[2] 立：立身。

【译文】

礼，就像是人的躯干。没有礼，就无法立身。

【点评】

儒家很重视“礼”，这一观念不仅在《左传》中得到充分的彰显，同时在儒家其他经典中亦处处可见。如《论语》之《季氏篇第十六》中，孔子教子：“不学诗，无以言。不学礼，无以立。”这与《左传》中“无礼，无以立”的精神是一致的。

十二、昭公二十年：晏子论“和而不同”

【原文】

齐侯至自田[1]，晏子[2]侍于遄台[3]，子犹[4]驰[5]而造[6]焉。公曰：“唯据与我和夫！”晏子对曰：“据亦同也，焉得为和？”公曰：“和与同异乎？”对曰：“异。和如羹焉，水、火、醯[7]、醢[8]、盐、梅，以烹鱼肉，燀[9]之以薪，宰夫[10]和之，齐[11]之以味，济[12]其不及，以泄[13]其过。君子食之，以平其心。君臣亦然。君所谓可而有否[14]焉，臣献[15]其否以成其可；君所谓否而有可焉，臣献其可以去其否，是以政平而不干[16]，民无争心。故《诗》曰：‘亦有和羹[17]，既戒[18]既平[19]。鬷嘏无言[20]，时靡有争。’先王之济[21]五味[22]、和五声[23]也，以平其心，成其政也。声亦如味，一气[24]，二体[25]，三类[26]，四物[27]，五声，六律[28]，七音[29]，八风[30]，九歌[31]，以相成也；清浊、小大，短长、疾徐，哀乐、刚柔，迟速、高下，出入、周疏，以相济也。君子听之，以平其心。心平，德和。故《诗》曰：‘德音不瑕。’[32]今据不然。君所谓可，据亦曰可；君所谓否，据亦曰否。若以水济水，谁能食之？若琴瑟之专一，谁能听之？同之不可也如是。”

【注释】

[1] 齐侯至自田：齐侯：齐景公。至：至国都。田：打猎。齐景公从打猎的地方回到国都。

[2] 晏子：春秋时期齐国著名政治家。

［3］遄（chuán）台：地名，在今山东临淄附近。

［4］子犹：梁丘据，春秋时期齐国的大夫，深受齐景公器重。因受封地于山东梁丘（今山东成武），以封地为姓，为梁丘姓始祖。

［5］驰：赶马快跑。

［6］造：前往，到。

［7］醯（xī）：醋。

［8］醢（hǎi）：肉酱。

［9］燀（chǎn）：炊。

［10］宰夫：掌管膳食的小吏。

［11］齐（jì）：调和。

［12］济：增益。

［13］泄：减少。

［14］否：不可。

［15］献：指出。

［16］干：犯，违背。

［17］和羹：调和之羹。

［18］戒：完备，指和羹必备五味。

［19］平：和平，指羹味而言。

［20］鬷（zōng）：总。嘏（jiǎ）：大。无言：无异言。鬷嘏无言：总览大政能使上下无异言。

［21］济：成就。

［22］五味：辛、酸、咸、苦、甜。

［23］五声：宫、商、角、徵、羽。

［24］一气：一人作乐，皆须气而动。

［25］二体：文舞，武舞。

［26］三类：风、雅、颂。

［27］四物：兼用四方之物以成器。

［28］六律：黄钟、大蔟、姑洗、蕤宾、夷则、无射。

［29］七音：宫、商、角、徵、羽、变商、变徵。

［30］八风：八方之风。

［31］九歌：九功之事可歌者。六府、三事，谓之九功。六府：水、火、金、木、土、谷。三事：正德、利用、厚生。

［32］德音不瑕：德音，明德。不瑕，没有瑕疵。

【译文】

齐景公从打猎的地方回到国都，晏子在遄台侍立，梁丘据赶马快跑到达国都。齐景公说："唯有梁丘据与我和谐啊！"晏子回答说："梁丘据也只是相同，哪里称得上是和谐？"齐景公说："和谐与相同不一样吗？"晏子回答说："不一样。和谐就像是调和之羹，用水、火、醋、肉酱、盐、梅来烹调鱼肉，用柴火来烧火，掌管膳食的小吏调和其味，用味来调和，味道不足就增加调料，味道重了就加水减少味道。君子吃了调和之羹，就可以使其内心平静。君王和臣子也是一样的道理。国君认为可行的而其中有不可行的，臣子就指出其中的不可行来完善君王的可行；君王认为不可行的而其中有可行的，臣子就指出其中可行的而去除不可行的，这样就可以政令平和而不违背礼制，百姓没有争夺之心。所以《诗》说：'有调和之羹，五味必备且平和，总览大政能使上下无异言，当时没有争夺。'先王成就五味、和谐五声，可以使其心理平和，成就他的政事。声音也像味道一样，一气，二体，三类，四物，五声，六律，七音，八风，九歌，互相组成；清浊、小大，短长、疾徐，哀乐、刚柔，迟速、高下，出入、周疏，互相成就。君子听这样的声音，让他的心灵平和。心灵平和，道德就和谐。所以《诗》说'明德没有瑕疵。'现在梁丘据不是这样。君王说可行，梁丘据也说可行；君王说不可行，梁丘据也说不可行。就像是用水来调和水，谁愿意吃它？就像是琴瑟只发出一种声音，谁愿意听它？道理都是一样的。"

【点评】

本段故事中涉及三个人：齐景公、梁丘据和晏子。梁丘据对齐景公亦步亦趋，所以齐景公也十分喜欢梁丘据，故对晏子说："只有梁丘据和我和谐啊！"针对齐景公此番言论，晏子直言不讳地指出：梁丘据与齐景公只是相同，而不是和谐。于是齐景公好奇，问什么是"和谐"？什么是"相同"？

晏子运用比喻的手法讲抽象的道理，他用调和之羹（味道）和和谐的声音（听觉）来比喻"和谐"，即"和谐"是指"不同事物的相成相济，引申而指'可'与'否'的相互统一"（张岱年先生语），同时也说明正确的君臣关系应该如此。还是用同样的比喻，晏子也从反面说明了什么是"相同"，即绝对的一致和单调，没有多样性、差异性和变化性。而梁丘据不管齐景公主张的是对还是错，一律附和赞同，只能说是"相同"，而非"和谐"。孔子也说"君子和而不同，小人同而不和。"（《论语·子路》）揭示出君子和小人的根本不同之处。成语"和而不同"就是由此而来。

十三、昭公二十一年：乐工泠州鸠论音乐

【原文】

二十一年春，天王[1]将铸[2]无射[3]，泠州鸠[4]曰："王其[5]以心疾死乎！夫乐，天子之职[6]也；夫音，乐之舆[7]也；而钟，音之器也。天子省风[8]以作乐，器[9]以钟[10]之，舆以行之。小者不窕[11]，大者不槬[12]，则和于物。物和则嘉成。故和声入于耳而藏于心，心亿[13]则乐。窕则不咸[14]，槬则不容[15]，心是以感[16]。感实生疾。今钟槬矣，王心弗堪[17]，其能久乎！"

【注释】

[1] 天王：周景王。

[2] 铸：熔炼金属以成器物。

[3] 无射（yì）：大钟。

[4] 泠（líng）州鸠：泠：通"伶"，乐官。州鸠：名字。

[5] 其：副词，表示揣测语气。

[6] 职：所主，主管。

[7] 舆（yú）：车。

[8] 省（xǐng）风：省，观。风，风俗。

[9] 器：各种乐器。

[10] 钟：聚。

[11] 小者不窕：窕，细。小乐器声音不能过细，过细则不充于心。

[12] 大者不槬（huà）：槬，宽。大乐器声音不能过宽，过宽则不容于心。

[13] 亿：安。

［14］咸：遍，全面。

［15］容：容纳。

［16］感：通“憾”，不安。

［17］堪：经得起。

【译文】

二十一年春，周景王将要熔铸名为无射的大钟，乐官州鸠说：“大王也许会发心病死去吧！音乐，是天子主管的；声音，是音乐的车；钟，是发音的器具。天子观风俗以制作音乐，用各种乐器来聚集它，用声音来表达它。小乐器声音不能过细，过细则不充于心，大乐器声音不能过宽，过宽则不容于心，这样就使万物和谐。万物和谐就会产生美好的音乐。所以和谐的声音入于耳朵而藏于心里，心安就会快乐。声音过细就会让听者不舒服，声音过宽就会让听者难以容忍，心就会产生不安。心不安就会生病。现在钟声过宽，大王的心不能经受得起，这样怎能长久啊！”

【点评】

周景公将要铸造名为“无射”的大钟，乐官州鸠对此提出批评。因为在乐官州鸠看来，音乐具有移风易俗的重要作用，而乐器就是直接表现音乐的重要器物，因此，乐器的制造不得不慎重。小的乐器的声音不能过细，大的乐器的声音不能过宽，因此中道和谐的声音最为适宜。而周景王将要铸造的大钟“无射”，体积庞大，造价不菲，声音过于高亢，破坏了音乐的和谐之美，会对周景王的健康产生不利的影响，还会对周朝百姓的生活产生负担，进而影响周朝的社会生活。这段关于乐器与音乐的论述，反映出儒家的音乐观。

十四、昭公二十五年：郑国执政之卿游吉论“礼的价值”

【原文】

子大叔[1]见赵简子[2]，简子问揖让、周旋之礼焉。对曰：“是仪[3]也，非礼也。”简子曰：“敢[4]问，何谓礼？”对曰：“吉也闻诸[5]先大夫[6]子产曰：‘夫礼，天之经[7]也，地之义也，民之行也。’天地之经，而民实则[8]之。则天之明[9]，因地之性[10]，生其六气[11]，用其五行[12]。气为五味[13]，发为五色[14]，章为五声[15]。淫[16]则混乱，民失其性。是故为礼以奉之：为六畜[17]、五牲[18]、三牺[19]，以奉五味；为九文[20]、六采[21]、五章[22]，以奉五色；为九歌[23]、八风[24]、七音[25]、六律[26]，以奉五声。为君臣上下，以则地义；为夫妇外内，以经[27]二物[28]；为父子、兄弟、姑姊、甥舅、昏媾[29]、姻亚[30]，以象天明；为政事[31]、庸力[32]、行务[33]，以从四时；为刑罚威狱，使民畏忌，以类其震曜[34]杀戮；为温慈惠和，以效天之生殖长育。民有好恶、喜怒、哀乐，生于六气[35]，是故审[36]则宜类[37]，以制六志。哀有哭泣，乐有歌舞，喜有施舍，怒有战斗；喜生于好，怒生于恶。是故审行信令[38]，祸福赏罚，以制[39]死生。生，好物也；死，恶物也。好物，乐也；恶物，哀也。哀乐不失[40]，乃能协于天地之性，是以长久。”简子曰：“甚哉，礼之大也！”对曰：“礼，上下之纪[41]、天地之经纬[42]也，民之所以生也，是以先王尚[43]之。故人之能自曲直[44]以赴[45]礼者，谓之成人。大，不亦宜乎！”简子曰：“鞅也请终身守此言也。”

【注释】

[1] 子大叔：游吉，郑国执政之卿。

[2] 赵简子：赵鞅，春秋时期晋国赵氏的首领。

[3] 仪：礼仪。

[4] 敢：谦词，表示冒昧。

[5] 诸：为“之于”的合音。

[6] 大（dà）夫：古代职官名。

[7] 经：常，指常道。

[8] 则：仿效。

[9] 天之明：日、月、星辰。

[10] 地之性：高下、刚柔。

[11] 六气：阴、阳、风、雨、晦、明。

[12] 五行：金、木、水、火、土。

[13] 五味：酸、咸、辛、苦、甘。

[14] 五色：青、黄、赤、白、黑。

[15] 五声：宫、商、角、徵、羽。

[16] 淫：过，过分。

[17] 六畜：马、牛、羊、鸡、犬、豕。

[18] 五牲：牛、羊、豕、犬、鸡。

[19] 三牺：牛、羊、豕。

[20] 九文：九种文彩，即龙、山、华（花）虫、火（为半圆形似火）、宗彝、藻（水草）、粉米（白米）、黼、黻。

[21] 六采：六种色彩：青与白、赤与黑、玄与黄。

[22] 五章：五种文饰：青与赤谓之文，赤与白谓之章，白与黑谓之黼，黑与青谓之黻，五色备谓之绣。

[23] 九歌：九功之事可歌者。

[24] 八风：八方之风。

［25］七音：宫、商、角、徵、羽、变商、变徵。

［26］六律：黄钟、大蔟、姑洗、蕤宾、夷则、无射。

［27］经：效法。

［28］二物：阴阳，亦即刚柔。

［29］昏媾（gòu）：婚姻关系，昏媾为同义词，古人常连用。

［30］姻亚：姻：婿之父为姻。亚：两婿为亚（亦作“娅”，今称“连襟”）。

［31］政事：在君为政，在臣为事。

［32］庸力：民功为庸，治功为力。

［33］行务：行是日常工作，务是一时措施。

［34］震曜：震是雷震，曜是电曜。

［35］六气：阴、阳、风、雨、晦、明六气。

［36］审：慎，审慎。

［37］宜类：宜仿效者。

［38］信令：令人信服的政令。

［39］制：控制。

［40］不失：不失于礼。

［41］纪：纲纪。

［42］经纬：指常道。

［43］尚：崇尚。

［44］曲直：谓性曲者以礼直之，性直者以礼曲之，以辅其性，使适中。

［45］赴：用于抽象义，投身某种事业或理想。这里指投身、奔赴礼。

【译文】

子太叔拜见赵简子，简子问揖让、周旋之礼焉。子太叔回答说：“是礼仪，不是礼。”简子说：“冒昧问您，什么是礼？”子太叔回答说：“我游吉也曾听先大夫子产说，‘礼，是天的常道，是地的准则，是百姓行动的依据。’天地的常道，百姓实际效仿的对象。效仿天之日、月、星辰，依凭地之高下、刚柔之本性，生出天的阴阳、风雨、晦明等六气，用地的金、木、水、火、土等五行。气为酸、咸、辛、苦、甘等五味，表现为青、黄、赤、白、黑等五色，显示出宫、商、角、徵、羽等五声。过分了就会昏乱，百姓失去本性。因此要通过礼来奉行：以六畜、五牲、三牺，来奉行五味；以九文、六采、五章，来奉行五色；以九歌、八风、七音、六律，来奉行五声。安排君臣上下的规则，以仿效地之高下；安排夫妇内外，效法阴阳二物；安排父子、兄弟、姑姊、甥舅、婚媾、姻亚，以象征天象星辰；安排政事、庸力、行务，以顺从四时；安排刑罚牢狱，使百姓畏惧，好像雷震电曜杀戮；安排温慈惠和的政策，效法上天的生殖发育。百姓有好恶、喜怒、哀乐，产生于六气，因此审慎地仿效宜仿效者，以制约六志。悲哀有哭泣，快乐有歌舞，欢喜有施舍，愤怒有战斗；高兴是从喜好中产生的，愤怒是从厌恶中产生的。因此审慎地施行令人信服的政令，用祸福赏罚来制约死生。生，是人们喜好的事；死，是人们厌恶的事。喜好的事，是快乐；厌恶的事，是悲哀。哀乐不失于礼，才能和谐于天地的本性，所以能长久。"简子说："礼之弘大真是非常大啊！"子太叔回答说："礼，是上下的纲纪、天地的常道，百姓据此而生活，所以先王崇尚礼。因此人或者是性曲者以礼直之，或者是性直者以礼曲之，从而投身于礼，这称之为成人。弘大，不也是很适宜的嘛！"简子说："我赵鞅请求终身奉守这些话。"

【点评】

春秋时晋国赵氏首领赵鞅（赵简子）去拜访郑国执政之卿游吉（子大叔），并向其请教"揖让和周旋之礼"。游吉为了突出"礼"背后的大义，故特别强调"礼"不是"仪"，也就是提醒赵简子不要拘泥于礼的形式（礼仪），而忘记了礼背后的大义。据此，游吉又从多个方面论述了"礼"的形成、作用和影响。成语"天经地义"也是出于此。

十五、昭公二十六年：晏子论礼

【原文】

齐侯与晏子坐于路寝[1]。公叹曰：“美哉室！其谁有此乎？”晏子曰：“敢问何谓也？”公曰：“吾以为在德。”对曰：“如君之言，其陈氏乎！陈氏虽无大德，而有施[2]于民。豆、区、釜、钟[3]之数，其取之公也薄，其施之民也厚。公厚敛焉，陈氏厚施焉，民归之矣。诗曰：‘虽无德与[4]女[5]，式歌且舞。’陈氏之施，民歌舞之矣。后世若少[6]惰，陈氏而[7]不亡，则国其国也已。”公曰：“善哉！是可若何？”对曰：“唯礼可以已[8]之。在礼，家施不及国，民不迁，农不移，工贾不变，士不滥[9]，官不滔[10]，大夫不收公利[11]。”公曰：“善哉！我不能矣。吾今而后知礼之可以为国也。”对曰：“礼之可以为国也久矣，与天地并。君令[12]、臣共[13]，父慈、子孝，兄爱、弟敬，夫和[14]、妻柔[15]，姑[16]慈、妇[17]听[18]，礼也。君令而不违[19]，臣共而不贰[20]；父慈而教，子孝而箴[21]；兄爱而友[22]，弟敬[23]而顺；夫和而义，妻柔而正[24]；姑慈而从[25]，妇听而婉[26]：礼之善物也。”公曰：“善哉，寡人今而后闻此礼之上也！”对曰：“先王所禀于天地，以为其民也，是以先王上之。”

【注释】

[1] 路寝：路：大，“路寝”就是“大寝”，天子、诸侯的正室，是天子、诸侯议事的地方。

[2] 施：恩惠。

［3］豆、区、釜、钟：四种量具。

［4］与：助，含有相配之意。

［5］女：通“汝”。

［6］少（shǎo）：副词，稍微。

［7］而：如，表示假设。

［8］已：停止。

［9］不滥：不失职。

［10］滔：怠慢。

［11］不收公利：不作福。

［12］令：发布命令。

［13］共：通“恭”，恭敬。

［14］和：和蔼。

[15] 柔：温柔。

[16] 姑：丈夫的母亲，婆婆。

[17] 妇：子之妻，儿媳妇。

[18] 听：听从，接受。

[19] 违：邪，指不合德义而违礼之事。

[20] 贰：从属二主，不专一。

[21] 箴：劝告。

[22] 友：兄弟相亲爱。

[23] 敬：尊敬，恭敬。

[24] 正：作风正派，正直。

[25] 从：听从，引申为不固执。

[26] 婉：委婉。

【译文】

齐侯与晏子在正室中坐着。齐景公感叹说："多美丽的屋子啊！谁将会占有它呢？"晏子说："冒昧地问一下为什么这么说呢？"齐景公说："我认为这个屋子会落在有德行的人的手里。"晏子回答说："像您所说的，这就是陈氏吧！陈氏虽然没有大的德行，但是对百姓有恩惠。豆、区、釜、钟的容量，陈氏从公田征税时就用小的，向百姓施舍时就用大的。公室征收多，陈氏施惠多，百姓倾向于陈氏。诗说：'虽然没有德行来配你，也应当唱歌并跳舞。'陈氏的施惠，百姓已经为他唱歌跳舞了。您的后代如果稍微懒惰，陈氏如果不灭亡，那么国家就成了陈氏的国家了。"齐景公说："说得好！这该怎么办呢？"晏子回答说："只有礼可以阻止这种情况发生。依礼，大夫不应该给国君的国人施惠，百姓不迁移，农民不变动，工匠商人不改变职业，士不失职，官不怠慢，大夫不得从国家中收取公利。"齐景公说："说得好！我不能做到啊。我从今天起知道礼是可以治理国家的了。"晏子回答说："礼可以治理国家也已经很久了，是与天地并生的。君王发布命令、臣子恭敬，父亲慈爱、儿子孝顺，兄长友爱、弟弟敬重，丈夫和蔼、妻子温柔，婆婆慈爱、媳妇听从，这些是礼。君王发布命令而不违礼，臣子恭敬而无贰心；父亲慈爱而能教导儿子，儿子孝顺而能劝告父亲；兄长友爱而能兄弟相亲爱，弟弟恭敬而能顺服；丈夫和蔼而有道义，妻子温柔而正直；婆婆慈爱而能听从规劝，媳妇顺从而能委婉陈辞：这是礼的好的内容。”齐景公说：“说得好，寡人从现在才听到了礼应当加以崇尚了！”晏子回答说：“先王从天地那里接受了礼，用以治理他的百姓，所以先王崇尚礼。”

【点评】

在本段之前，《左传》中讲述了齐国有彗星出现，齐侯让人“禳之”，“禳”是“消灾除难的祭祀活动”，即书中所说：“以彗星有灾祸，欲禳祭以消灾。”但晏子认为这样做是无益的，因为消灾除难的关键不在于神，关键还是在人，即君王要实行仁政。这就像《论语·为政篇第二》中孔子所言：“为政以德，譬如北辰，居其所而众星共之。”

因为有了此前的这样一段故事，才有了这段“齐侯与晏子对谈”的精彩片段。齐侯面对自己议政的正寝，想到了正日益增长势力的陈氏，生出一种不安全感，感叹将来不知谁会是这所正寝的主人。面对齐侯的感慨和忧虑，晏子说出了自己的应对之道，那就是“以礼治国”，并且具体列出了礼之作用和价值。这其中最有价值的一部分，是讲权利和责任的对等原则。因此，在此段中，晏子还特别强调了“君令、臣共，父慈、子孝，兄爱、弟敬，夫和、妻柔，姑慈、妇听”。也就是说，无论是君臣、父子，还是兄弟、夫妻、姑妇，彼此之间的权利和责任是平等而双向的，而非单方面的权利或责任。

《论语》

《论语》概论

一、《论语》成书

《论语》是孔门弟子记载孔子与弟子、时人问答及孔子弟子间言论的书，其编撰者应为孔子及门弟子与再传弟子，其成书年代可以确定为春秋末年到战国初年。孔子（前 551 年—前 479 年），春秋时期鲁国人，儒家的创始人，被后世尊称为至圣先师。《论语》流传至汉有三种不同的本子，即《古文论语》《鲁论语》和《齐论语》。西汉末年，安昌侯张禹先本于《鲁论语》，参诸《齐论语》，合而为《张侯论》。东汉末年，郑玄据《张侯论》，参诸《齐论语》《古文论语》，作《论语注》。后世《论语》多本于此。历代注疏《论语》者甚多，较好的注本有魏何晏《论语集解》、梁皇侃《论语集解义疏》、宋邢昺《论语注疏经解》、宋朱熹《论语集解》、清刘宝楠《论语正义》。

二、《论语》特色

《论语》一书并非严格的著作，主要是格言与一些小的故事，比较生动、全面地记录了孔子之学、行、思与其人格形象。其中，孔子与其弟子的教与学的问答占了很大的一部分，而这些最能反映孔子所作的哲学思考，比如其对于“仁”“礼”“乐”“诗”及生死之种种看法。同时比较生动地反映了孔子因材施教、因势诱导的教育方法。孔子与时人的问答也占有较大的比例，主要是与执政者及隐士阶层的探讨与争执，比较能够如实地反映当时的社会政治情况与孔子的社会地位，同时也彰显了孔子特立独行、以天命为己任的高尚人格。再则，孔子之行止、居处也有较为细腻的记载，反映孔子生活细节中的独特形象。《论语》后来被尊奉为儒家经典，成为《四书》（包括《论语》《孟子》《大学》《中庸》）中的一种，被尊为儒家的“圣经”，同时，它也不失为一本平实的好书。

《论语》选编

一、礼乐与君子养成

【原文】

子曰："君子博学于文，约[1]之以礼，亦可以弗畔[2]矣夫。"

——《论语·雍也》

【注释】

[1] 约：博的反义词，简约，约束，收束意。

[2] 畔：通"叛"，违背的意思，这里指违背道义。

【译文】

孔子说："君子广泛学习诗书礼乐、典章制度等文化知识，终究要收束并涵养自己的身心，依礼而行，这样就可以不违背道义了。”

【点评】

一个有广博文化知识的人，不一定是一个有涵养、修养乃至教养的君子。孔子在这里既强调了汲取知识的重要性，同时也强调将广泛学习约而归于人的身心，滋养身心，这样才能成为一个文质彬彬的君子。其中，礼起到了一个很好的润滑剂的作用。

【原文】

子曰：“兴[1]于诗，立于礼，成于乐。”

——《论语·泰伯》

【注释】

［1］兴：兴起。

【译文】

孔子说：“诗可以使人兴起，礼可以使人卓然自立，乐可以最终成就人。”

【点评】

诗教、礼教、乐教，各有所侧重，然最终在于成就一个文质彬彬的君子。如此涵养、教养出来的君子，不仅仅能体现出其人格之善，而且表现出人格之美。

【原文】

陈亢[1]问于伯鱼[2]曰："子亦有异闻[3]乎？"对曰："未也。尝独立，鲤趋[4]而过庭。曰：'学《诗》乎？'对曰：'未也。''不学《诗》，无以言。'鲤退而学《诗》。他日，又独立，鲤趋而过庭。曰：'学礼乎？'对曰：'未也。''不学礼，无以立。'鲤退而学礼，闻斯二者。"陈亢退而喜曰："问一得三。闻《诗》，闻礼，又闻君子之远其子也。"

——《论语·季氏》

【注释】

[1] 陈亢：字子禽，孔子弟子。

[2] 伯鱼：即孔鲤，字伯鱼，孔子儿子。

[3] 异闻：不一样的教诲。

[4] 趋：快步走。

【译文】

陈亢问孔子的儿子孔鲤："你从你父亲那里曾听到什么不一样的教诲吗？"

孔鲤说："没有。我父亲一个人在堂上站着，我快速通过中庭，父亲问：'学《诗》了吗？'我回答：'没有。'父亲说：'不学《诗》，就不知道如何讲话。'我退下后就去学《诗》。另一天，父亲又一个人在堂上站着，我快速通过中庭，父亲问：'学礼了吗？'我回答：'没有。'父亲说：'不学礼，就不知道如何立身。'我退下后就去学礼。听到过这样两次教诲。"

陈亢退下后高兴地说："问一件事却知道了三件事。听到了《诗》，听到了礼，还听到了君子对于他的孩子没有特别的厚待。"

【点评】

礼是立身之本，所以孔子教诲他的儿子孔鲤要学礼，教育学生也是如此。

【原文】

颜渊[1]问仁。子曰："克己复礼[2]为仁。一日克己复礼，天下归仁焉。为仁由己，而由人乎哉？"

颜渊曰："请问其目。"

子曰："非礼勿视，非礼勿听，非礼勿言，非礼勿动。"

颜渊曰："回虽不敏[3]，请事斯语矣。"

——《论语·颜渊》

【注释】

[1] 颜渊：颜回，字子渊，孔子弟子。

[2] 克己复礼：克制自己，使自己的行为合于礼。

[3] 敏：明敏。

【译文】

颜渊问老师："什么才是仁？"

孔子回答："约束自己，依礼而行，这就是仁了。只要有一天能够做到这一点，天下人也就尽归于己之仁了。践行于仁，是完全靠自己的，而不是依靠别人的。"

颜渊进一步追问："请问老师它的详细条目是什么？"

孔子回答说："不合于礼的不去看，不合于礼的不去听，不合于礼的不去说，不合于礼的不去做。"

颜渊说："颜回我虽然不够明敏，愿意按照老师的话去做。"

【点评】

包括情感、情绪、气质、性格等人的内在质地，并不是完美无缺的，或者说，每个人天生的资质均不免于偏颇，因此，需要用礼来约束自己。孔子认为，能够用礼来约束自己，也就是做到了仁。这一点看似简单，实则很难，所以孔子对于某一天真能够“克己复礼”的情形，给予了很高的评价。虽然很难，却完全取决于人自觉地自我约束，只要你愿意践行，也完全可以做到。在这一点上，他人是爱莫能助的。

【原文】

子曰：“君子义以为质[1]，礼以行之，孙[2]以出之，信以成之，君子哉！”

——《论语·卫灵公》

【注释】

［1］质：质地，本质。

［2］孙：通“逊”，谦逊。

【译文】

孔子说：“君子以道义作为行事的本质，推行时依据于礼，传达时态度谦逊，最终以信义加以完成。这就是君子啊！”

【点评】

即便一个人的行为是合于道义的，但在具体做的时候，仍需依据于礼的规范，以谦逊的态度，有条不紊地去做，否则，终不免于粗暴。

【原文】

孔子曰："益者三乐，损者三乐。乐节[1]礼乐，乐道人之善，乐多贤友，益矣。乐骄乐，乐佚游[2]，乐宴乐，损矣。"

——《论语·季氏》

【注释】

［1］节：节制。

［2］佚游：追求安逸，游手好闲。

【译文】

孔子说："让人受益的有三种快乐，有损于人的也有三种快乐。乐于以礼乐节制自己，乐于谈论别人的长处，乐于与贤人做朋友，这是三种让人受益的快乐。以骄纵恣肆为乐，以怠惰游手好闲为乐，以赴宴结交酒肉朋友为乐，这是三种有损于人的快乐。"

【点评】

孔子所说的"损者三乐"，对于单纯追求快乐的年轻人来说，大抵是通病。而包括以礼乐节制自身的三种快乐，虽表面上一时不足以吸引人，却能给人们带来真正的、长久的快乐。

【原文】

子贡[1]曰：“君子亦有恶[2]乎？”子曰：“有恶。恶称人之恶者。恶居下流而讪上者。恶勇而无礼者。恶果敢而窒[3]者。”曰：“赐也，亦有恶乎？”“恶徼[4]以为知者，恶不孙[5]以为勇者，恶讦[6]以为直者。”

——《论语·阳货》

【注释】

［1］子贡：端木赐，字子贡，孔子弟子。

［2］恶（wù）：厌恶。

［3］窒：窒塞不通，指不通事理、道理。

［4］徼（jiāo）：抄袭。

［5］孙：通“逊”，谦逊。

［6］讦（jié）：攻讦，揭发人的隐私。

【译文】

子贡说：“君子也有厌恶的人吗？”孔子说：“有。厌恶喜欢称道别人的恶的人。厌恶身居下位却喜欢讥讪在上位的人。厌恶有勇气却不守礼的人。厌恶果敢却不通道理的人。”孔子说：“端木赐，你也有厌恶的人吗？”子贡说：“我厌恶喜欢抄袭别人却自以为智慧的人。我厌恶以不谦逊为勇敢的人。我厌恶以攻讦为直率的人。”

【点评】

勇气、勇敢本身是一种美好的品质，对礼无知，就会导向恶，孔子所以厌恶这样的人，所谓“勇而无礼则乱”。孔子和子贡对话中提到的另外几种令人生厌的人，也足以引发我们的深思。

二、礼乐与孝道

【原文】

孟懿子[1]问孝。子曰："无违。"

樊迟[2]御[3]，子告之曰："孟孙问孝于我，我对曰无违。"

樊迟曰："何谓也？"

子曰："生，事之以礼；死，葬之以礼，祭之以礼。"

——《论语·为政》

【注释】

[1] 孟懿子：鲁国官员。

[2] 樊迟：樊须，字子迟，孔子弟子。

[3] 御：驾车。

【译文】

孟懿子向孔子请教孝的问题，孔子回答："不要违背父母的心愿。"

一天，樊迟为老师孔子驾车，孔子告诉他说："孟孙向我请教孝的问题，我回答他不要违背父母的心愿。"

樊迟问："您说的是什么意思呢？"

孔子说："父母活着的时候，按照礼来事奉他们；父母去世以后，按照礼来安葬他们，按照礼来祭祀他们。"

【点评】

孔子所说的"无违"，我们这里解释为"不要违背父母的心愿"。怎样才能真正地做到“无违”呢？孔子这里提出了一个办法，即按照“礼”的要求去做，这样就不会违背父母的心意了。一方面，在儒家思想之中，“礼”本来就是“本于人情”的，按照“礼”的要求去做，就不会悖逆人情。另一方面，我们按照“礼”的要求来做，一时可能不会完全顺从于父母的心愿，但当父母看到我们按照“礼”的要求去做了，他们终究会非常满意的。这是另一种意义的“无违”。

【原文】

宰我[1]问：“三年之丧，期[2]已久矣。君子三年不为礼，礼必坏；三年不为乐，乐必崩。旧谷既没，新谷既升，钻燧改火[3]，期[4]可已矣。”

子曰：“食夫稻，衣夫锦，于女[5]安乎？”

曰：“安。”

“女安则为之。夫君子之居丧，食旨[6]不甘，闻乐不乐，居处不安，故不为也。今女安，则为之。”

宰我出。子曰：“予之不仁也。子生三年，然后免于父母之怀。夫三年之丧，天下之通丧也。予也有三年之爱于其父母乎？”

——《论语·阳货》

【注释】

[1] 宰我：宰予，字子我，孔子弟子。

[2] 期（qī）：期限。

[3] 钻燧改火：古人钻木取火，各季节所用木各有不同，春夏秋冬，以一年为一循环。

［4］期（jī）：周年。

［5］女：通“汝”，下同。

［6］旨：美味。

【译文】

孔子的学生宰我问他的老师：“为去世的父母服丧三年，时间太长了吧。君子三年时间不演习礼仪，礼仪必然会荒废；三年时间不演习音乐，音乐也同样会荒废。旧的谷子吃完了，新的谷子长成了，钻燧取火的木头也周而复始地更换了一个周期，一年的时间应该可以了。”

孔子说：“不服三年之丧，吃好吃的，穿绫罗绸缎，对于你来说心安吗？”

宰我回答道：“心安。”

孔子听了宰我的回答说：“你感到心安的话那就去做吧。君子处于父母的丧期之内，吃好吃的感觉不到香甜，听音乐也感觉不到快乐，居住在家里会感觉到不安，所以不那么去做。如今你感觉到心安，那就去做吧。”

宰我出去了。孔子感慨道：“宰我这个人不仁啊！小孩子生下来三年以后，才能脱离父母的怀抱。所以服三年之丧，是天下所有人都应当遵循的。宰我难道不曾从父母那里得到这样的三年之爱吗？”

【点评】

这是孔子和他的学生宰我之间讨论“三年之丧”这样一个古代的礼仪制度的问题。

古时候，父母死了，子女都要服丧三年，来表达对于父母的哀思。在服丧期间，吃粗茶淡饭，服丧服，住在简陋的小房子里，不参与娱乐活动。有职务在身的政府官员，在此期间也要暂停公职，回家服丧，直至服丧期满为止。

宰我正是因为这一点而对于三年之丧的时间太长产生质疑，认为服丧期间那么多事情不能做的话，不是连礼乐这样重要的事也会荒废吗？

对于宰我的质疑，孔子没有正面回答，只是反问他，如果不服三年之丧的话，你心安吗？

宰我口头上并不示弱，答以心安。

孔子一方面回答他如果心安，你就去做吧，另一方面痛切于宰我的“不仁”。

这里需要注意的是两点。第一点，孔子反问宰我“安否”，表达了这样一个重要的思想。就是说，礼仪所要求于人们去做的，正是为了安顿人们的情感。所谓安与不安，正是指人心，指人的情感而言的。礼仪中所安排的种种形式，正是为了使人们的情感得到恰当的表达、宣泄与抒发。落实到丧礼上讲，就是使子女对于父母的哀思能够适当地表达、表现出来。

第二点，“子生三年，然后免于父母之怀抱”，“三年之爱”，说出了子女对于父母的孝心的来源，就是一颗感恩与报恩的心。三年之丧，是父母去世后对于父母孝心的一种表达方式。这种孝心，就像在父母生育、养育我们的头三年里面，时时刻刻将我们抱在怀中、小心呵护时，所体现的慈爱一样，是一种爱的回报。如果我们对父母这样的三年之爱都毫无感觉，不知回报的话，不是麻木不仁又是什么呢？

“三年之丧”虽然已经不再作为风俗、礼仪存在于我们今天的社会中，但是，它所体现的内涵与意义，即对于故去的父母的哀思，对于父母的感恩心与报恩心，应该是值得我们警醒的，否则，同样也是一个麻木不仁的人。

三、礼乐与待人接物

【原文】

有子[1]曰："信[2]近于义[3]，言可复也。恭[4]近于礼，远耻辱也。因[5]不失其亲，亦可宗也。"

——《论语·学而》

【注释】

[1] 有子：即有若，孔子弟子。

[2] 信：诚信。

[3] 义：道义。

[4] 恭：恭敬。

[5] 因：依靠。

【译文】

有子说："向人承诺某件事的时候，所承诺的要近于道义，这样才不会食言、失信。对别人恭敬，要依礼而行，这样才能远离耻辱。不得不依靠别人的时候，所依靠的人要有其可亲近处，这样的人才是可靠的。"

【点评】

与信守诺言一样，对人恭敬，应该是一种不错的态度。但是，如果没有合适的礼节来表达这种恭敬，那么，它带给自己的，可能是一种耻辱感。人与人之间相处的礼节，正是让人们适当地来表现自己对他人的恭敬、尊敬，而又不至于感到羞辱。

【原文】

子贡曰："贫而无谄[1]，富而无骄。何如？" 子曰："可也。未若贫而乐，富而好礼者也。" 子贡曰："《诗》云：'如切如磋，如琢如磨。'[2]其斯之谓与？" 子曰："赐也，始可与言《诗》已矣。告诸往而知来者。[3]"

——《论语·学而》

【注释】

［1］谄：谄媚。

［2］如切如磋，如琢如磨：切磋、琢磨，本来是指制造器具的流程，引申为精益求精。

［3］往：过去。来，将来。本句指由已知推断未知。

【译文】

孔子的学生子贡问："贫穷却不谄媚于人，富贵却能不傲慢于人，怎么样？"

孔子说："可以了。但不如贫穷却很快乐，富贵却好礼。"

子贡说："《诗经》里唱道：'如切如磋，如琢如磨'，讲的是这回事吗？"

孔子说："端木赐啊，你这样才可以与你谈论《诗》了，能够举一反三，从已知的推断未知的。"

【点评】

贫穷与富贵也是人生的际遇。贫穷容易使人产生卑微感，富贵容易带给人傲慢，所以能够做到"贫而无谄，富而无骄"已经是难能可贵的了。孔子仍然希望子贡能够百尺竿头，更进一步，做到"贫而乐，富而好礼"。"贫而乐"，并非贫穷本身有什么可乐的——孔子甚至认为在一个有序的、正义的社会却生活得既贫且贱，是一种耻辱（“邦有道，贫且贱也，耻焉。”《论语·泰伯》）——而是说君子自有其乐，这种快乐并不因贫贱而有所改变。这种快乐是什么呢？富贵可以给人带来财富，却不能使人尊贵，一个彬彬有礼的人，才可能成为一个尊贵的君子。

【原文】

事君尽礼，人以为谄也。

——《论语·八佾》

【译文】

事奉君主能尽礼之本分，别人反而以为是谄媚。

【点评】

无论古人对待君主，还是今人对待上级领导，依礼而行，依职分而行，就不会掉入谄媚的窠臼。

【原文】

乡人饮酒，杖者[1]出，斯出矣。

——《论语·乡党》

【注释】

[1] 杖者：指老人。

【译文】

孔子和乡人一起行乡饮酒礼的时候，老者离席，孔子才跟随离席。

【点评】

这一小小的细节，体现了孔子的尊老、敬老。

四、礼乐的形式与本质

【原文】

子曰:“人而不仁如礼何?人而不仁如乐何?”

——《论语·八佾》

【译文】

孔子说:“人要是没有仁心的话,怎么能够行礼呢?人要是没有仁心的话,怎么能够演乐呢?”

【点评】

礼与乐,都是外在的表现形式,必有其内在的情感依据,这种情感最核心的部分,就是仁爱、仁慈之心。没有仁爱、仁慈之心作为根源,礼乐不过是徒有其表的形式罢了,虽然这种形式不可或缺。

【原文】

林放[1]问礼之本。子曰:“大哉问!礼,与其奢也宁俭。丧,与其易[2]也宁戚[3]。”

——《论语·八佾》

【注释】

[1] 林放:鲁国人,有人说他是孔子弟子。

［2］易：治办。

［3］戚：悲戚。

【译文】

林放问礼的根本何在。孔子说：“你问得太好了！礼与其奢华，还不如俭约的好。就像丧礼，办得风风光光，还不如足以表达哀思的好。”

【点评】

像前面我们看到的，礼作为一种外在表现形式，它的根源、根本在于表达人的内心情感，这就是林放这里问的“礼之本”。当礼的外在形式过于奢华，过于繁缛时，这种作为它的根源性的情感，反而被忽略掉了。就像丧礼，本来是表达、寄托对于逝者的哀思的，但是在现实中，人们往往只是想到要把它办得风风光光，甚至本有的哀思也被此淹没了。

【原文】

子曰：“先进[1]于礼乐，野人[2]也；后进[3]于礼乐，君子[4]也。如用之，则吾从先进。”

——《论语·先进》

【注释】

［1］先进：先辈，这里指先入孔子门下的弟子。

［2］野人：取其质朴义。

［3］后进：后辈，这里指后入孔子门下的弟子。

［4］君子：取其注重形式义。

【译文】

孔子说："我弟子中先入门的，从礼乐方面讲，如质朴的野人；后入门的，自礼乐方面言，如同君子了。如果要用到礼乐的话，我遵从那些先入门的。"

【点评】

这里孔子还是在强调，文与质之间，质是更根本的，如我们前面讲到的朴素的质地。礼就其本身言，诚然体现外在形式的一面更多，但这种外在形式美，终究离不开内在的朴素质地。所以如果非要选择的话，孔子宁愿选择作为"野人"的"先进"。

【原文】

子曰："礼云礼云，玉帛[1]云乎哉？乐云乐云，钟鼓[2]云乎哉？"

——《论语·阳货》

【注释】

[1] 玉帛：礼器。

[2] 钟鼓：乐器。

【译文】

孔子说："礼啊礼啊，难道单单说的是那玉帛吗？乐啊乐啊，难道单单说的是那钟鼓吗？"

【点评】

玉帛、钟鼓，是行使礼乐不可或缺的器具、道具，但仅有这些尚不足以成其为礼乐。这里，孔子更为看重的应该是礼乐的内在精神与本质。

【原文】

子夏[1]问曰："'巧笑倩[2]兮，美目盼[3]兮，素[4]以为绚[5]兮。'何谓也？"

子曰："绘事后素。"

曰："礼后乎？"

子曰："起[6]予者商也！始可与言诗已矣。"

——《论语·八佾》

【注释】

[1] 子夏：卜商，字子夏，孔子弟子。

[2] 倩：形容美好的笑容。

[3] 盼：形容双目流转时的美丽。

[4] 素：朴素，质地。

[5] 绚：绚烂。

[6] 起：兴起，启发。

【译文】

孔子的学生子夏问："'两颊间美好的笑意，美目的左顾右盼，淡素的质地才能加以绚丽的色彩'，这诗里说的是什么啊？"

孔子说："绘画要先以粉素作为质地，再施加五彩的颜色。"

子夏进一步问："那礼也是要以朴素的质地为先，华美的形式为后吧？"

孔子说："启发我的是你啊，这样我们才能够一起讨论诗了。"

【点评】

孔子有文质之辨，文可以理解为外在的形式，比如礼乐；质可以理解为内在的质地，以人的内在情感、品德为核心。二者相比较而言，质是更根本的，这一点毋庸置疑，而文能够让质得到更完美的抒发、安顿，文质彬彬，才是二者之间最为合适的状态。

【原文】

子曰："《关雎》，乐而不淫[1]，哀而不伤。"

——《论语·八佾》

【注释】

[1] 淫：过分，使人陷溺。

【译文】

孔子说："《关雎》这一乐章所表现出来的，有快乐而不至于使人陷溺其中，有哀愁而不至于伤人至深。"

【点评】

与礼一样，乐（包括诗），也是人的情感的适当表达，过犹不及。

【原文】

子谓韶[1]："尽美矣，又尽善也。"谓武[2]："尽美矣，未尽善也。"

——《论语·八佾》

【注释】

[1] 韶：舜时候的乐名。

[2] 武：周武王时候的乐名。

【译文】

孔子这样评价韶乐："既美到极致，又善到极致。"这样评价武乐："美到极致了，只是还没有善到极致。"

【点评】

乐教，始终是传统教育的重要功能。所以，音乐不只有美感，还应该能够引人向善。在孔子看来，韶乐就是这样尽善尽美的音乐。

【原文】

子在齐闻韶，三月不知肉味，曰："不图[1]为乐之至于斯也。"

——《论语·述而》

【注释】

[1] 不图：不料，想不到。

【译文】

孔子在齐国听韶乐，此后竟有三个月连吃肉也感觉索然无味了，不禁感叹：“想不到音乐竟能美到如此地步！”

【点评】

韶乐，被孔子赞叹为尽善尽美。孔子第一次在齐国听到它，就如此着迷、沉醉，所谓余音绕梁，三日不绝。好的音乐，感人至深。

【原文】

子与人歌而善，必使反[1]之，而后和[2]之。

——《论语·述而》

【注释】

[1] 反：反复，重复。

[2] 和（hè）：唱和。

【译文】

孔子和人一起唱歌时，如遇见擅长唱歌的，一定要请他再唱，然后自己跟着唱和。

【点评】

孔子喜欢唱歌，在这方面他也善于发现别人的长处，虚心讨教。

【原文】

子曰："吾自卫反[1]鲁，然后乐正，雅、颂[2]各得其所。"

——《论语·子罕》

【注释】

[1] 反：返回。

[2] 雅、颂：乐章的不同部分。

【译文】

孔子说："我从卫国返回鲁国，这以后厘正乐章，使雅与颂各得其所。"

【点评】

厘正乐章，是孔子周游列国返回鲁国发生的事。孔子喜好乐，晚年从文献入手，整理乐章，以待来人。

【原文】

子曰："居上不宽[1]，为礼不敬，临丧不哀，吾何以观之哉？"

——《论语·八佾》

【注释】

[1] 宽：宽容。

【译文】

孔子说："居上位者不能以宽容待下，行礼的时候不能庄敬，临遇丧礼也不见哀戚之情，这样的人我该怎么看待他呢？"

【点评】

某些礼仪具有庄重的仪式感，这时候就需要参与者有庄重感与恭敬的心，比如我们今天的升国旗、奏国歌仪式。

五、礼乐与国家治理

【原文】

有子曰："礼之用，和[1]为贵。先王之道斯为美，小大由之。有所不行。知和而和，不以礼节[2]之，亦不可行也。"

——《论语·学而》

【注释】

[1] 和：平和，和气，和谐，和美。

[2] 节：节制。

【译文】

孔子的学生有子说："礼的运用，以平和为贵。先王治理国家之道以此为美，无论大事小事，都依此而为。也有行不通的时候，如果只是为了平和而平和，不知道以礼的规范加以节制，也是行不通的。"

【点评】

"和为贵"，也是我们今天的常用语，源出于这里，本指礼的运用而言。"和"可以有很多种解释，如我们注释中所罗列的，但是不外乎两层意思：其一，指人们行礼时的平和，从容不迫；其二，是指人与人之间，在依礼而行时，所体现的和谐与融洽的关系。这两点都体现了"礼"的"美"的一面。但无论如何我们都不应该因此忽视"礼"的另一面，即"礼"的规范性特征。在平和之中，有一种节制；在和谐之中，有所区别。

【原文】

子曰："道[1]之以政，齐之以刑，民免而无耻。道之以德，齐之以礼，有耻且格[2]。"

——《论语·为政》

【注释】

[1] 道：通"导"，引导。

[2] 格：法则，规矩。

【译文】

孔子说："用政令引导人，用刑罚使人整齐划一，可以让人们免于刑罚但没有羞耻心。以德行引导人，以礼制使人遵循，可以使人有羞耻心，也就自然而然按照规矩去做了。"

【点评】

徒法不足以自行，政治命令、严苛的法律条文，只能使人畏惧，却不能让人有羞耻心，所维系的只是社会底线的秩序。只有礼制，才能让人有羞耻心，自觉地知道什么该做，什么不该做。中国作为礼仪之邦，核心在此。

【原文】

子张问:“十世[1]可知也?”

子曰:“殷因[2]于夏礼,所损益可知也。周因于殷礼,所损益可知也。其或继周者,虽百世可知也。”

——《论语·为政》

【注释】

[1] 十世:一世即一代,三十年为一世,十世是三百年。

[2] 因:因袭。

【译文】

孔子的学生子张问:“十世以后的情况可以预知吗?”

孔子说:“以礼而言,商沿袭了夏代的礼,有所损益,是我们可以知道的。周沿袭了商代的礼,有所损益,也是我们知道的。既然如此,将来继周代而兴起的,虽百世之后的情况,我们也是可以预先知道的——有所因循,有所损益。”

【点评】

礼是怎么来的？是在漫长的历史沿革中，有所继承、有所因循，同时又因为时代（包括地域）的不同，有所损益。需要特别指出的是，孔子在这里更强调的是礼的历史继承性特征，也就是因循的一面，否则，十世可知、百世可知就变得不可能了。

【原文】

子曰："能以礼让为[1]国乎，何有？不能以礼让为国，如礼何？"

——《论语·里仁》

【注释】

［1］为：治理。

【译文】

孔子说："能够以礼让来治理国家，何难之有？不能以礼让治国，将礼置于何地呢？"

【点评】

孔子在这里强调了以礼来治理国家的重要性，同时指出礼的另一个重要特征——让。让，不仅仅是谦让，这里特别对在上位者，乃至社会的强势群体提出警戒，要求他们出让自己部分的权力与利益，以有效化解纷争，维系社会各阶层之间的平衡。治理国家如此，人与人之间的交往也如此，懂得礼让、谦让、出让，所谓"退一步海阔天空"。

【原文】

定公[1]问:“君使臣，臣事君，如之何?”

孔子对曰:“君使臣以礼，臣事君以忠。”

——《论语·八佾》

【注释】

[1] 定公:鲁定公，鲁国君主。

【译文】

鲁定公问:“君指使臣，臣事奉君，该怎么样呢?”

孔子回答道:“君以礼指使臣，臣自然会以忠事奉君。”

【点评】

以上两章可以合在一起看，君与臣，由于社会地位的不同，决定了他们社会角色的不同，就好比我们今天的上下级关系，礼是维系他们良好关系的重要纽带。对待上级，我们只要依礼去做，就不会有谄媚于人的嫌疑。同时，在上者虽然拥有他的权力，但在行使其权力时，也要依礼而行。

【原文】

子曰:“恭而无礼则劳[1],慎而无礼则葸[2],勇而无礼则乱,直而无礼则绞[3]。君子笃[4]于亲,则民兴于仁。故旧不遗,则民不偷[5]。”

——《论语·泰伯》

【注释】

[1] 劳:烦劳。

[2] 葸(xǐ):畏惧的样子。

[3] 绞:急切。

[4] 笃:厚。

[5] 偷:薄。

【译文】

孔子说:“恭敬之人没有礼的引导,则可能劳而无功。谨慎之人没有礼的引导,则可能畏首畏尾。勇敢的人没有礼的引导,则可能制造混乱。直爽的人没有礼的引导,则可能伤于促迫。在上位的君子,如果能厚待他的亲人,下民的仁爱之心就能兴起;如果能不轻易遗弃其故旧之人,民风就不会流于凉薄。”

【点评】

恭、慎、勇、直,这些都是朴素而美好的品质,但是缺乏礼的引导,就可能流于不好的一面。就像我们每个人,都有不同的气质、不同的性格,虽然有所不同,但都有其美好的一面,也有其欠缺的地方。礼,能够充分滋养我们气质、性格的优长之处,规避其自身可能的弱点。就像一块璞玉,通过礼的滋润涵养,切磋琢磨,最终才会成为光彩照人的美玉,而这美玉,也不是千人一面的,各因其质地不同,而光彩熠熠。

【原文】

子曰："知[1]及之，仁不能守之，虽得之，必失之。知及之，仁能守之，不庄[2]以莅[3]之，则民不敬。知及之，仁能守之，庄以莅之，动之不以礼，未善也。"

——《论语·卫灵公》

【注释】

[1] 知：通"智"，智慧。

[2] 庄：庄重。

[3] 莅：莅临。

【译文】

孔子说："智慧能够知道治理人民之道，却不能以仁心持守，虽一时能够得到，也终会失去。智慧能够知道，也能以仁心持守，却不能以庄重之心莅临其民，那么人民是不会尊敬他的。智慧能够知道，能以仁心持守，也能以庄重之心莅临其民，行动却不遵循礼，也是不好的。"

【点评】

这里讲述的是在一个群体中居于上位者如何管理群体中的人。首先他需要的是一个有智慧的人，其次需要有仁爱之心，这两点是居于上位者自身所应当具有的素质。庄重感，则是居于上位者对待下民应该具有的态度，孔子说："使民如承大祭"，讲的也是这个道理。礼在这里指的是行动所依据的规矩、法度，循礼而行，才能做到最好。

《孟子》

《孟子》概论

一、《孟子》成书

《孟子》，儒家经典“四书”之一。据《汉书·艺文志》记载，《孟子》十一篇，今存七篇。《孟子》一书共七章，是孟子晚年与弟子万章等人共同编著的记载孟子言行的一部书。孟子（约前372年—前289年），名轲，战国时期邹国人，受业于孔子孙子子思的门人，被后人尊为“亚圣”。《孟子》一书比较好的古人注本有东汉赵岐的《孟子章句》、宋朱熹的《孟子集注》、清戴震的《孟子字义疏证》、清焦循的《孟子正义》。

二、《孟子》特色

孟子是先秦思孟学派的中坚，重视人的心性问题，是儒家性善论的代表人物，特别为后来的宋明理学所继承。《孟子》一书对性善论与人的“四端”之心作了比较全面的论述，以“心”“性”“仁”“诚”等范畴为核心，进一步构建起儒家的“天人”之学。孟子善辩，《孟子》一书记录了较多他站在儒家的立场上与当时所谓“异端”之学展开的激烈论战，于文风中可见其锋芒，雄辩、流畅而形象，不失为古典散文中的佳品，同时也可见孟子富于独立人格的“大丈夫”气概。

《孟子》选编

一、礼与四端之心

【原文】

孟子曰："人皆有不忍人之心[1]。先王有不忍人之心，斯有不忍人之政矣。以不忍人之心，行不忍人之政，治天下可运之掌上。所以谓人皆有不忍人之心者，今人乍[2]见孺子[3]将入于井，皆有怵惕恻隐[4]之心，非所以内交[5]于孺子之父母也，非所以要誉[6]于乡党朋友也，非恶[7]其声而然也。由是观之，无恻隐之心，非人也；无羞恶之心，非人也；无辞让之心，非人也；无是非之心，非人也。恻隐之心，仁之端[8]也；羞恶之心，义之端也；辞让之心，礼之端也；是非之心，智之端也。人之有是四端也，犹其有四体[9]也。有是四端而自谓不能者，自贼[10]者也；

谓其君不能者，贼其君者也。凡有四端于我者，知皆扩而充之矣。若火之始然[11]，泉之始达。苟能充之，足以保四海；苟不充之，不足以事父母。”

——《孟子·公孙丑上》

【注释】

［1］不忍人之心：忍，忍心，残忍。不忍人之心，指同情心、怜悯心，是孟子对于仁心的一种表述。

［2］乍：忽然。

［3］孺子：小孩子。

［4］怵（chù）惕恻隐：怵惕，害怕，警觉。恻隐，隐痛，悲悯。

［5］内交：内，通“纳”。内交，即纳交、结交。

［6］要（yāo）誉：要，求取。要誉，即求取好的名声。

［7］恶（wù）：厌恶。

［8］端：端倪，发端。

［9］四体：四肢。

［10］贼：害。自贼，自我伤害，自暴自弃。

［11］然：通“燃”。

【译文】

孟子说：“每个人都有不忍人之心。以前治理国家的人因有不忍人之心，从而有不忍人之政。用不忍人之心来行不忍人之政，治理天下，易如反掌。之所以说每个人都有不忍人之心，如今人们突然看见一个小孩子要掉到井里去了，都会有怵惕恻隐之心，这并不是为了想要结交小孩子的父母，也不是为了从乡人朋友那里获取良好的声誉，也不是因为厌恶小孩啼哭的声音才这样的。如此看来，没有恻隐之心，不可以称其为人；没有羞恶之心，不可以称其为人；没有辞让之心，不可以称其为人；没有是非之心，不可以称其为人。恻隐之心，是仁的发端处；羞恶之心，是义的发端处；辞让之心，是礼的发端处；是非之心，是智的发端处。人们有这四个发端处，就像他有四肢一样。有这四个发端处，却说自己做不到仁义礼智的，是自我作贱；说他的君主做不到仁义礼智的，是作贱他的君主。只要我们明白了自己具有这四个发端处，又能自觉地将它加以扩充，那就像火刚开始燃烧，泉水刚开始涌出，不可遏制。如果能够加以扩充，足以使四海安定；如果不能加以扩充，甚至不足以事奉父母。”

【点评】

孟子多以仁、义、礼、智并举，并将它们与人性、人心以至于人情紧密联系起来。如这里讲到的，孟子将仁义礼智与人心的四种朴素情感联系起来，在人心我们都能找到它们的发端处。恻隐之心是仁的发端处，羞恶之心是义的发端处，辞让之心是礼的发端处，是非之心是智的发端处，这就是“四端”。在孟子看来，每个人都有“四端”，就像每个人都有四肢一样。能不能自觉地加以扩充，是实现仁义礼智四种美德的关键。

【原文】

公都子[1]曰：“告子[2]曰：‘性无善无不善也。’或曰：‘性可以为善，可以为不善。是故文武[3]兴则民好善，幽厉[4]兴则民好暴。’或曰：‘有性善，有性不善，是故以尧[5]为君而有象，以瞽瞍[6]为父而有舜，以纣[7]为兄之子且以为君，而有微子启、王子比干[8]。’今曰性善，然则彼皆非与？”

孟子曰：“乃若其情[9]，则可以为善矣，乃所谓善也。若夫为不善，非才[10]之罪也。恻隐之心，人皆有之；羞恶之心，人皆有之；恭敬之心，

人皆有之；是非之心，人皆有之。恻隐之心，仁也；羞恶之心，义也；恭敬之心，礼也；是非之心，智也。仁义礼智，非由外铄[11]我也，我固[12]有之也，弗思耳矣。故曰：‘求则得之，舍则失之。’或相倍蓰而无算[13]者，不能尽其才者也。《诗》曰：‘天生蒸民，有物有则，民之秉彝，好是懿德。’[14]孔子曰：‘为此诗者，其知道乎？故有物必有则，民之秉彝也，故好是懿德。’”

——《孟子·告子上》

【注释】

[1] 公都子：孟子弟子，齐国人。

[2] 告子：孟子的辩论对手，反对孟子的性善论主张。

[3] 文武：周文王、周武王，周代贤明的君主。

[4] 幽厉：周幽王、周厉王，周代暴君。

[5] 尧：古代圣王。

[6] 瞽（gǔ）瞍（soǔ）：古代圣王舜的父亲，不是一个合格的父亲。

[7] 纣：商纣王，商末代暴君。

[8] 微子启：商纣王的庶兄。王子比干，商纣王的叔父。二人都是暴君统治下王室的贤明之人。

[9] 情：情感。情又有真实的意思，情感，就是人的真实情况。

[10] 才：才质、材料。指人的先天素质、情感，就是人的先天素质中重要的一种。

[11] 铄：强加。

[12] 固：本来。

[13] 或相倍蓰（xǐ）而无算：倍，一倍。蓰，五倍。无算，无数倍。

[14] 这句诗出自《诗经·大雅·烝民》。蒸民，《诗经》中写作“烝民”，指众民。物，指事物。则，指法则。秉彝，指人所秉受的常性。懿德，美好的德性。

【译文】

公都子说:“告子说:‘性无所谓善无所谓不善。’还有人说:‘性可以为善，也可以为不善。所以周文王、周武王兴起那么人民就乐于为善，周幽王、周厉王兴起那么人民就喜欢暴行。’还有人说:‘有的人性善，有的人性不善。所以以尧为君主却有像这样的恶人，以瞽瞍为父亲却有舜这样的儿子，以纣为侄子并且为君主却有微子启、王子比干这样的贤人。’如今您说性善，那么他们都错了吗?”

孟子回答说:“至于讲到人的情感，那么是可以为善的，这就是我所说的性善。至于人们导向不善，并不是他本来的材质有什么问题。恻隐之心，人人都有;羞恶之心，人人都有;恭敬之心，人人都有;是非之心，人人都有。恻隐之心就是仁，羞恶之心就是义，恭敬之心就是礼，是非之心就是智。仁义礼智，不是从外面强加给我的，是我本来就有的，只是不能完全自觉罢了。所以说:‘追求就会得到，舍弃就会失去。’人与人之间相差一倍、五倍乃至于无数倍，是因为不能充分发挥他本有的材质才这样的。《诗经》说:‘天生万民，有一件事就有一件事的法则。人民禀受了常性，因此喜好那美德。’孔子评论说:‘创作这首诗的人，一定是知晓道的人吧!所以有一件事就有一件事的法则，人民禀受了常性，因此喜好那美德。’”

【点评】

孟子这里讲的依然是四端之心，孟子强调人性善，根据就在这里。同时，孟子在这里强调的是，仁义礼智作为每个人的常性，是天生、天赐的。能否践行，只在于能否自觉地去思索、探求。

二、礼与人性的自我抉择

【原文】

孟子曰："口之于味也，目之于色也，耳之于声也，鼻之于臭[1]也，四肢之于安佚[2]也，性[3]也，有命[4]焉，君子不谓性也。仁之于父子也，义之于君臣也，礼之于宾主也，智之于贤者也，圣人之于天道也，命也，有性焉，君子不谓命也。"

——《孟子·尽心下》

【注释】

[1] 臭（xiù）：气味。

[2] 安佚：即安逸。

[3] 性：人性，内在的人性。

[4] 命：宿命，外在的命运。

【译文】

孟子说："口对于美味，眼睛对于美色，耳朵对于好听的声音，鼻子对于好闻的味道，四肢对于安逸，也体现了普遍的人性，但是得到与否取决于命运，君子不称它们为人性。仁对于父子，义对于君臣，礼对于宾主，智对于贤人，圣人对于天道，能否实现有命运的左右，但更体现了普遍的人性，君子不把它们称为命运所决定。"

【点评】

声色臭味，是人的生理欲望，孟子在这里并不否认它们是人性的组成部分。

但在孟子看来，仁义礼智才是人性中更为重要也更为可贵的。所以，孟子讲人性善，与其说是一种简单的事实判断，倒不如说体现的是人的一种自我抉择，所谓“择善而固执之”。

【原文】

任[1]人有问屋庐子[2]曰：“礼与食孰重？”

曰：“礼重。”

“色与礼孰重？”

曰：“礼重。”

曰：“以礼食，则饥而死。不以礼食，则得食。必以礼乎？亲迎[3]，则不得妻；不亲迎，则得妻。必亲迎乎？”

屋庐子不能对[4]。明日之邹以告孟子，孟子曰：“于答是也何有！不揣其本[5]而齐其末[6]，方寸之木，可使高于岑楼[7]。金重于羽者，岂谓一钩金[8]与一舆羽之谓哉！取食之重者，与礼之轻者而比之，奚翅[9]食重！取色之重者，与礼之轻者而比之，奚翅色重！往应之曰：‘紾[10]兄之臂而夺之食，则得食，不紾则不得食，则将紾之乎？逾东家墙而搂其处子，则得妻，不搂则不得妻，则将搂之乎？’”

——《孟子·告子下》

【注释】

[1] 任：战国时国名。

[2] 屋庐子：屋庐连，孟子弟子。

[3] 亲迎：延续至今的结婚礼仪之一，男方到女家迎娶他的妻子。

［4］对：回答。

［5］本：根本，本义指树根。

［6］末：末梢，细枝末节，本义指树梢。

［7］岑（cén）：小而高的山。岑楼，像山一样高的楼。

［8］钩：衣带钩。一钩金，指能做一个衣带钩的金子。

［9］翅：通"啻"。奚翅，何止，岂止。

［10］紾（zhěn）：扭。

【译文】

任国有人问屋庐子说："礼和食物哪个重要？"

屋庐子说："礼重要。"

又问："美色和礼哪个重要？"

屋庐子说："礼重要。"

又问："遵循礼去吃，就会饥饿而死；不遵循礼去吃，就能得到食物。还一定要遵循礼吗？遵循礼去亲迎，就不能娶妻；不亲迎，就能够娶到妻子。还一定按照礼去亲迎吗？"

屋庐子不能回答。第二天去邹国告诉孟子，孟子说："回答这样的问题何难之有！不用根本来衡量，却用末梢去衡量，那么很短的木头也可以说比高楼还高。说金子比羽毛重，难道是说一点儿金子比一车羽毛还重吗？用食物的重要处和礼的末节处比，何止食物重要！用美色的重要处和礼的末节处比，何止美色重要！你这样去回应他：'扭住兄长的胳膊去抢夺他的食物，才能得到食物，不扭就得不到食物，那么会去扭吗？翻过东邻家的墙搂抱他家的少女，就能娶到妻子，不搂抱就娶不到妻子，那么会去搂抱吗？'"

【点评】

食与色，对于人而言有其正当性，或者说它们也是人性中的一部分，这一点孟子并不否认。但孟子认为，食与色的获取，应当遵循于礼，他的弟子屋庐子之所以说“礼重”，正是因为这一点。就一般情况而言，是如此，在某种极端情形下，也并不是非如此不可的。

【原文】

孟子曰：“广土众民，君子欲之，所乐不存焉。中天下而立，定四海之民，君子乐之，所性不存焉。君子所性，虽大行[1]不加焉，虽穷居不损焉，分定故也。君子所性，仁义礼智根于心，其生色也睟[2]然，见[3]于面，盎[4]于背，施[5]于四体，四体不言而喻。”

——《孟子·尽心上》

【注释】

[1] 大行：大行其事，指在现实中成就一番轰轰烈烈的事业。

[2] 睟（sùi）：滋润，润泽。指君子为仁义礼智所浸润，在身体上也有所体现。

[3] 见：通“现”，表现、显现。

[4] 盎：充满。

[5] 施：延伸到，通达到。

【译文】

孟子说：“广土众民，是君子想要的，但君子所乐不在这里。立于天下的中央，使四海之民安定，君子乐于这样做，但君子的本性不体现在这里。君子的本性，即使飞黄腾达也不会增加什么，即使穷困潦倒也不会减损什么，这是命运所决定的。君子的本性，有仁义礼智扎根内心，它们表现在外表上光泽温润，体现于脸面，充盈于后背，延伸到四肢，四肢不用特地告知就知道怎么去做。”

【点评】

君子选择仁义礼智为自己的本性，让它们深深地扎根于自己的内心。当他真正做到了这一点的时候，他的外貌形体也会自然而然地发生变化，这是君子的一种人格美，古人称之为一个人的“气象”。

【原文】

孟子曰：“自暴者不可与有言也，自弃者不可与有为也。言非礼义，谓之自暴也；吾身不能居仁由义，谓之自弃也。仁，人之安宅也；义，人之正路也。旷[1]安宅而弗居，舍正路而不由，哀哉！”

——《孟子·离娄上》

【注释】

［1］旷：空置，荒废。

【译文】

孟子说：“自我作贱的人没法和他一起说话，自我放弃的人没法和他一起做事。言谈中非毁礼义，这叫作自我作贱；说我自身不能居仁由义，这叫作自我放弃。仁是人安稳的住宅，义是人行走的正路。荒废掉安稳的住宅而不去居住，放弃正路不沿着走，悲哀啊！”

【点评】

在孟子看来，仁义礼智就像人舒适的住宅、正确的道路一样，居仁由义，对每个人而言都应该是自然而然的事情。放弃仁义礼智，是人的自暴自弃，可悲！

【原文】

孟子曰："仁之实，事亲是也；义之实，从兄是也；智之实，知斯二者，弗去是也；礼之实，节文[1]斯二者是也；乐[2]之实，乐[3]斯二者。乐则生矣，生则恶[4]可已也。恶可已，则不知足之蹈之，手之舞之。"

——《孟子·离娄上》

【注释】

[1] 节：节制。文，文饰，修饰。

[2] 乐（yuè）：音乐。

[3] 乐（lè）：快乐，以……为乐。

[4] 恶（wū）：如何，怎么。

【译文】

孟子说："仁的实质，是事奉双亲；义的实质，是遵从兄长；智的实质，是明白了上面这两件事，执着去做；礼的实质，是对这两件事有所节制、有所修饰；乐的实质，是以这两件事为快乐。以之为乐就会自然生发，自然生发怎么可能被遏制呢？不能被遏制，就不知不觉地会手舞足蹈了。"

【点评】

孟子在这里对于仁义礼智有进一步的分析，四者之中，仁义更为根本，智是对于仁义的自觉，礼是对于仁义的"节文"。"节"，犹如礼节，是根据仁义制定的人的行为规范。这种规范，同时也是对我们的言行的一种修饰、点缀，这就是"文"的内涵，体现了一种行为之美。这种行为最终带给人的是恒久的愉悦、快乐，音乐乃至舞蹈，是这种愉悦的最好、最终表达。

三、礼与反求诸己

【原文】

孟子曰："矢人[1]岂不仁于函人[2]哉？矢人唯恐不伤人，函人唯恐伤人，巫[3]匠[4]亦然，故术不可不慎也。孔子曰：'里仁为美，择不处仁，焉得智？'夫仁，天之尊爵也，人之安宅也。莫之御[5]而不仁，是不智也。不仁不智，无礼无义，人役也。人役而耻为役，由[6]弓人而耻为弓，矢人而耻为矢也。如耻之，莫如为仁。仁者如射，射者正己而后发，发而不中，不怨胜己者，反求诸己而已矣。"

——《孟子·公孙丑上》

【注释】

[1] 矢：箭。矢人，造箭的人。

[2] 函：铠甲。函人，造铠甲的人。

[3] 巫：指巫医，为人治病。

[4] 匠：木匠，此处指造棺材的人。

[5] 御：阻拦。

[6] 由：通"犹"，犹如的意思。

【译文】

孟子说："造箭的人难道比造铠甲的人不仁吗？造箭的人唯恐不能伤人，造铠甲的人唯恐伤人，巫医和造棺材的人也是这样的。所以选择技能不可以不慎重。孔子说：'择仁而居才好，不选择仁而居，这怎么是明智的呢？'仁，是上天赐给人的尊贵的爵位，是人能够安处的家。没有人阻拦却不选择仁，这是不明智的。不仁不智，无礼无义，这样的人只能去做别人的仆役。做别人的仆役却以仆役为耻，就像造弓的人以造弓为耻、造箭的人以造箭为耻一样。如果以仆役为耻的话，不如去践行仁。践行仁的人就像射箭，射箭的人先端正自身再发射，发射却没有中的，是不会去抱怨胜了自己的人的，反过来在自己身上找原因罢了。”

【点评】

孟子这段话开篇讲到了择业对于实现仁义礼智美德的重要性，当然，这一点也不是必然的，所以在结束处孟子强调的是践行美德的关键还是在于“反求诸己”，时刻内省、提醒自己。外在的环境诚然重要，但践行美德终究是每个人自己的事儿。在传统社会各行各业中，如矢人、匠这样的行业自然不可或缺，在长期的历史沿革中，逐渐会形成一套行业规范、职业道德，以避免它们可能引导人们背离自身的善良。

【原文】

孟子曰：“爱人不亲，反[1]其仁；治人不治，反其智；礼人不答，反其敬。行有不得者，皆反求诸己。其身正，而天下归之。诗云：‘永言配命，自求多福。’[2]”

——《孟子·离娄上》

【注释】

[1] 反：反省。

[2] 这句诗出自《诗经·大雅·文王》。命，天命。

【译文】

孟子说："爱别人别人却不觉得你可亲近，你就应该反省自己是否做到了仁；治理别人而没有效果，你就应该反省自己是否做到了智；以礼待人却得不到回应，你就应该反省自己是否做到了敬。去做了却没有达到预期的效果，都要回到自身寻找原因。自身端正，天下人都会敬服。《诗经》说：'永久追寻匹配天命，多福要靠自身求索。'"

【点评】

孟子在此再度申明践行美德的关键在于"反求诸己"。具体到礼上，我们待他人以礼，却得不到回应，首先要反省的是，我礼待他人是否真正做到了敬。

【原文】

孟子曰："君子所以异于人者，以其存心[1]也。君子以仁存心，以礼存心。仁者爱人，有礼者敬人。爱人者人恒爱之，敬人者人恒敬之。有人于此，其待我以横逆[2]，则君子必自反也，我必不仁也，必无礼也，此物奚宜[3]至哉？其自反而仁矣，自反而有礼矣，其横逆由[4]是也，君子必自反也，我必不忠。自反而忠矣，其横逆由是也，君子曰：此亦妄人也已矣。如此，则与禽兽奚择[5]哉？于禽兽又何难[6]焉？是故君子有终身之忧，无一朝之患也。乃若所忧则有之。舜人也，我亦人也。舜为法[7]于天下，可传于后世，我由未免为乡人也。是则可忧也。忧之如何？如舜而已矣。若夫君子所患则亡[8]矣。非仁无为也，非礼无行也。如有一朝之患，则君子不患矣。"

——《孟子·离娄下》

【注释】

[1] 存心：存留于心。

[2] 横（hèng）逆：蛮横悖逆。

[3] 奚宜：为什么。

[4] 由：通"犹"。下文中两个由字均通犹。

[5] 择：区别。

[6] 难（nàn）：责难。

[7] 法：法则，榜样。

[8] 亡（wú）：无，没有。

【译文】

孟子说："君子之所以不同于别人的地方，在于他所存于心。君子以仁来存于心，以礼来存于心。仁爱的人爱别人，有礼的人尊敬别人。爱别人的人别人也会经常爱他，尊敬别人的人别人也会经常尊敬他。这里有一个人，他对待我横逆相加，那么君子一定会自我反省，那必定是我没有做到仁的缘故，必定是我没做到礼的缘故，否则这样的事情怎么会发生呢？自我反省做到了仁，自我反省做到了有礼，那个人的横逆相加还是这样，君子必定会自我反省，我一定是没有做到忠。自我反省做到了忠，那个人的横逆相加还是这样，君子说：那个人不过是个狂妄的人罢了。像这样的人，和禽兽有什么区别呢？对于禽兽又有什么可责难的呢？所以君子会有终身的忧虑，却不会有一时的祸患。至于他们所忧虑的事还是有的。舜是人，我也是人。舜能做天下人的榜样，可以流传于后世，我还不免于做一个乡人，这是可忧虑的。以此为忧虑怎么办？也做到像舜那样就罢了。至于君子遭遇祸患是不会有的。不合于仁的不做，不合于礼的不遵行。这样即使有一时的祸患，君子也不会把它当作祸患。"

【点评】

以仁存心，以礼存心，在孟子看来，应该成为一个君子生活中的常态，所以孟子再度强调了君子应该有的"自反"、自省的心态。能否以仁存心、以礼存心，这是一个君子的"终身之忧"，做到了这一点，外在的祸患，并非君子所顾虑的。

四、礼与国家治理

【原文】

故曰：城郭不完，兵甲不多，非国之灾也；田野不辟[1]，货财不聚，非国之害也；上无礼，下无学，贼民[2]兴，丧无日矣。《诗》曰："天之方蹶，无然泄泄。"[3]泄泄犹沓沓也。事君无义，进退无礼，言则非先王之道者，犹沓沓也。故曰：责难于君谓之恭，陈善闭邪谓之敬，吾君不能谓之贼。

——《孟子·离娄上》

【注释】

[1] 辟：开辟，开垦。

[2] 贼民：奸民。

[3] 这句诗出自《诗经·大雅·板》。蹶（guì），动。泄，通"咪"。泄泄，咪咪不休，指多言。

【译文】

所以说：城郭不完备，兵甲不充足，不是国家的灾难；田野没有开垦，税收不能聚敛，不是国家的灾害；在上者不遵循礼，在下者不知道学习，奸民兴起，灭亡就不远了。《诗经》说："天正在降下灾祸，不要再喋喋不休。"喋喋不休就是啰里啰唆。事奉君主不遵循道义，进退不遵循礼，言语中不断非毁先王治国之道，这就是啰里啰唆。所以说：劝诫君主以难能之事叫作恭，陈说善言、杜绝其邪念叫作敬，说我们君主做不到的叫作贼。

【点评】

对于治理国家而言，完备的国防、充足的国库诚然重要，但在孟子看来，这并不是最关键的，关键的在于“礼”与“学”，礼可以兴起良好的社会风俗。“学”指教育，即使在今天，我们也不得不强调教育的重要性。

【原文】

孟子曰：“非礼之礼，非义之义，大人弗为。”

——《孟子·离娄下》

【译文】

孟子说：“不合于礼的礼，不合于道义的义，大人君子不会去做。”

【点评】

礼与义作为一种外在的形式，都有其约定俗成的一面，伴随着时代的变迁，这种外在形式很可能背离礼与义的内在精神。当这种情况发生时，就需要根据礼的内在精神对这种外在形式有所损益。

【原文】

孟子曰："不信仁贤，则国空虚；无礼义，则上下乱；无政事，则财用不足。"

——《孟子·尽心下》

【译文】

孟子说："不信任仁人、贤人，则国家空虚；没有礼和义，上下关系就会颠倒错乱；不善于理政，财用就会不足。"

【点评】

礼义，和选贤与能、国库充足一样，是治理国家的要素之一，礼义的重要性在于形成良好的社会秩序。

《孝经》

《孝经》概论

一、《孝经》入经

《孝经》为儒家“十三经”之一，是中国古代儒家重要的理论著作。内容以“孝”为中心，对实行“孝”的要求和方法也作了详细的规定。目前比较通行的《孝经》，由唐玄宗李隆基注，宋代邢昺疏。全书共分 18 章，在儒家经典“十三经”中篇幅最为短小。

二、《孝经》内容

《开宗明义章第一》是全书的纲领，开示全部孝经的宗旨，表明五种孝道的义理。本历代的孝治法则，定万世的政教规范。

《天子章第二》讲述的是天子的孝道。

《诸侯章第三》讲述的是诸侯的孝道。

《卿大夫章第四》讲述的是公卿大夫的孝道。

《士章第五》讲述的是士人的孝道。

《庶人章第六》讲述的是平民百姓的孝道。

《三才章第七》讲述的是孝道的本源，是取法于天地，立为政教，教化世人。

《孝治章第八》讲述的是若能用孝道治理天下国家，那便能得到人民的欢心，能得到人民的欢心，那才是孝治的本意。

《圣治章第九》讲述的是孔子因问而说明圣人以德治天下，没有再比孝道更大的了。

《纪孝行章第十》讲述的是孔子指出顺德和逆德的道理。

《五刑章第十一》讲述的是如果违反孝行，应受法律制裁，使人有所警惕，而不敢犯法。

《广要道章第十二》讲述的是孔子就首章所讲的要道二字，加以具体说明，使天下后世的为首长者，确知要道的法则可贵，实行以后有多大的效果。

《广至德章第十三》讲述的是把至德的意义扼要地提出来，使执政的人知道至德怎样实行。

《广扬名章第十四》讲述的是“扬名于后世”的道理。君子能够孝顺父母，而且移孝作忠，一定可以使声名显扬于后世。

《谏诤章第十五》讲述的是做臣子、儿子的道理。如果君主、父亲做事违反义理，做臣子、儿子的应该直言劝告，尽谏诤之义，才是真正的忠诚和孝顺。

《应感章第十六》讲述的是孝悌之道，不但可以感人，而且可以感动天地神明。

《事君章第十七》讲述的是忠于君王的道理。为人子女的，始于事亲，是孝的小部分，忠于君王，就是在于能为国家办事，为全民服务。

《丧亲章第十八》讲述的是亲丧时孝子应尽的礼法。

《孝经》选编

一、《开宗明义章第一》

【原文】

子曰："夫孝，德之本也，教[1]之所由生也。"

【注释】

[1] 教：古有"五教"之说，即教父以义，教母以慈，教兄以友，教弟以恭，教子以孝。

【译文】

孔子说："孝是一切道德的根本，所有的品行教化都是由孝行派生出来的。"

【点评】

儒家思想认为，孝是一切道德的出发点，一切道德的根本，也是一切品行教化的生发点。

【原文】

身体发肤[1]，受之父母，不敢损伤[2]，孝之始也[3]。立身行道[4]，扬名于世，以显[5]父母，孝之终也[6]。

【注释】

[1] 身体发肤：身，躯体；体，四肢；发，毛发；肤，皮肤。

[2] 不敢损伤：损伤，损坏，伤残。

[3] 孝之始也：始，开端。

[4] 立身行道：立身，指在事业上有所建树，有所成就。行道，指按照天道行事。

[5] 显：显耀，光耀。

[6] 孝之终也：终，终了。

【译文】

一个人的身体、四肢、毛发、皮肤，都是从父母那里得来的，所以要特别地加以爱护，不敢损坏伤残，这是孝的开始，是基本的孝行。一个人要建功立业，遵循天道，扬名于后世，使父母荣耀显赫，这是孝的终了。

【点评】

这段话体现了儒家思想中关于“孝道”的核心内涵。从“孝道”的开始，到

"孝道"的终了，从基本的身体发肤到理想的建功立业，把"孝道"思想和人的发展结合在一起。

二、《士章第五》

【原文】

资[1]于事父以事母，而爱同[2]；资于事父以事君，而敬同[3]。故母取其爱，而君取其敬，兼之者父也[4]。

【注释】

［1］资：取。

［2］而爱同：爱，指亲爱之心。

［3］而敬同：敬，指崇敬之心。

［4］兼之者父也：兼，同时具备。指事奉父亲，则兼有爱心和敬心。

【译文】

取事奉父亲的态度去事奉母亲，那爱心是相同的；取事奉父亲的态度去事奉国君，那敬心是相同的。事奉母亲取亲爱之心，事奉国君取崇敬之心，只有事奉父亲是兼有爱心和敬心。

【点评】

儒家思想中关于"爱"和"敬"是相关联的，而这一章讲的是士的孝行，是以事奉父母的爱敬之心去事君、事上，做到事君以忠，事上以顺，这样尽职尽分，不辱及生身父母，完成自己肩负的重任。

三、《圣治章第九》

【原文】

故亲生之膝下[1]，以养父母日严[2]。圣人因严以教敬[3]，因亲以教爱。

【注释】

[1] 亲生之膝下：亲，亲爱父母之心。膝下，膝盖之下，喻年幼之时。这是说子女对父母的亲爱之心在幼年时期即自然天成。

[2] 以养父母日严：日严，日益尊敬。自己是父母所生所育，长大成人奉养父母，这就叫作尊敬父母。

[3] 因严以教敬：这是说圣人以人的自然天性中的尊父之心为凭依，加以教育培养，使之升华为理性的“敬”。

【译文】

子女对父母的亲爱之心，产生于幼年时期；待到长大成人奉养父母，便日益懂得对父母的尊敬。圣人根据子女对父母的尊崇的天性，引导他们敬父母；根据子女对父母亲近的天性，教导他们爱父母。

【点评】

对父母的亲情是自然，对父母的敬畏是感恩，亲情与感恩都是人性的本善。所以，圣贤的教育绝不违背人性，只是因势利导，把人性的本善讲出来，变成被教育者自己的需求，而非教育者的需要，这样的教育轻松而有效。

【原文】

故不爱其亲而爱他人者，谓之悖德[1]；不敬其亲而敬他人者，谓之悖礼。

【注释】

[1] 悖（bèi）德：悖，违背，违反。违背常识的道德。

【译文】

如果做儿子的不爱自己的双亲而去爱其他什么别的人，这就叫作违背道德；如果做儿子的不尊敬自己的双亲而去尊敬其他什么别的人，这就叫作违背礼法。

【点评】

这里体现了儒家思想中孝道的一个顺序问题，就是要先爱对自己最亲近的人，如父母，再爱别的人。如果顺序搞错了，那就是违背了人的本性。这个世界上对我们恩情最重的是父母，但是生活中却有个现象，即往往对于父母、亲人、师长天天给予我们关怀爱护的恩情记不住，对于他人偶尔的恩惠却很感激，我们对于身边至亲至爱的人的恩情体察得太少，所以要时刻警醒。

四、《纪孝行章第十》

【原文】

子曰："孝子之事亲也，居则致其敬[1]，养则致其乐[2]，病则致其忧[3]，丧则致其哀[4]，祭则致其严[5]。五者备矣，然后能事亲。"

【注释】

［1］居则致其敬：居，平日，家居。致，尽。

［2］养则致其乐：养，奉养，赡养。乐，欢乐。

［3］病则致其忧：致其忧，充分地表现出忧伤焦虑的心情。

［4］丧则致其哀：丧，指父母去世，办理丧事的时候。

［5］祭则致其严：祭祀的时候要严肃对待。

【译文】

孔子说："孝子事奉双亲，日常家居，要充分地表达出对父母的恭敬；供奉饮食，要充分地表达出照顾父母的快乐；父母生病时，要充分地表达出对父母健康的忧虑关切；父母去世时，要充分地表达出悲伤哀痛；祭祀的时候，要充分地表达出敬仰肃穆，这五个方面都能做齐全了，才算是能事奉双亲尽孝道。"

【点评】

这一章所讲的是平日里应该做的五种孝行，这五种孝行，做的时候要出于至诚。否则，徒有形式，就失去了孝道的意义了。

五、《广要道章第十二》

【原文】

子曰："教民[1]亲爱，莫善于孝。教民礼顺，莫善于悌[2]。移风易俗，莫善于乐。安上治民，莫善于礼。"

【注释】

［1］民：百姓。

［2］悌：敬爱兄长。

【译文】

孔子说："教育百姓亲爱，没有比孝道更好的办法了。教育百姓遵循礼节，顺从长上，没有比悌道更好的办法了。变化社会风俗，没有比音乐更好的办法了。安定上位者，治理百姓，没有比礼更好的办法了。"

【点评】

儒家重视"孝"，但也反对愚孝，故主张"父慈子孝"，即双方的权利和责任是对等的。也重视"悌"，即敬爱兄长，同时也主张"兄友弟恭"，即兄长和弟弟之间的权利和责任也是对等的。这些都是值得我们关注和学习的。因此，儒家从家庭中的"孝悌"出发，推演出整个社会的亲爱与礼顺。而礼强调差异化和秩序感，故可以使社会参差有序。乐强调和谐性和情感性，可以改变社会风俗。这些均反映了儒家的礼乐观。

【原文】

礼者，敬而已矣。故敬其父，则子悦；敬其兄，则弟悦；敬其君，则臣悦；敬一人[1]，而千万人[2]悦。

【注释】

［1］一人：指父、兄、君，即受敬之人。

［2］千万人：指子、弟、臣。千万，只是举其大数而已。

【译文】

礼的根本，就在于敬。因此，尊敬他的父亲，儿子就会高兴；尊敬他的哥哥，弟弟就会高兴；尊敬他的君王，臣子就会高兴。尊敬一个人，而千千万万的人感到高兴。

【点评】

这一章讲的是要道，是进一步讲述为什么说“孝道”是至为重要的道德。在古代的家庭中，父亲是一家之长，在家中的影响力非常大，孩子们也都听从父亲的命令。我们到别人家中对待家中的父亲长辈非常恭敬，那么全家人都会很高兴。在同辈中要先恭敬家中的兄长，那么所有的兄弟都会很高兴。这里强调了对于尊长的礼敬，让我们既能够不断提升人生的境界、提高道德修养，又能够获得人生智慧，用德行、爱心、恭敬心来影响和感动整个社会，让更多的人受到教育。

六、《谏诤章第十五》

【原文】

曾子曰："……敢问子从父之令，可谓孝乎？"子曰："……父有争[1]子，则身不陷于不义，故当不义，则子不可以不争于父，臣不可以不争于君。故当不义则争之，从父之令，又焉得为孝乎？"

【注释】

[1] 争：直言劝谏。

【译文】

曾子说："……现在我想请教的是，做儿子的能够听从父亲的命令，这可不可以称为孝呢？"孔子说："……父亲身边有敢于直言劝谏的儿子，那么他就不会陷于错误之中，干出不义的事情，所以当遇到不义的事情，儿子不可以不向父亲直言劝谏，臣子不可以不向君王直言劝谏。所以如果父亲有不义的行为，做儿子的要去劝谏，做儿子的完全听从父亲的命令，又哪里算得上是孝呢？"

【点评】

这一章是说明做儿子、臣子的道理。如果父亲、君主做事违反义理，做儿子、臣子的应该直言劝告，尽谏诤之义，才是真正的孝顺和忠诚。

本章可以说是《孝经》中最为特殊、重要的一章。之前的章节都是在强调"顺""敬"，而这一章强调的是"逆"，这在封建思想中是非常罕见的。一味地盲目顺从，并不是真正的"孝"，这也是儒家思想在《孝经》中最积极、最为闪光的精华所在。

《荀子》

《荀子》概论

一、《荀子》的成书

最初，荀子的著作以单篇形式流传；至西汉成帝时，经学家刘向对荀子著作进行了整理校订，题名为《新书》。唐代杨倞又进行重新编排，并加上注解，并更名为《荀子》，这是今本《荀子》的最初版本。到北宋熙宁元年，《荀子》书开始有国子监刻本。此后《荀子》流传日益广泛。至明清时期，《荀子》一书出现了多种白文刻本及评注本。如：《荀子评注》《荀子汇考》《荀子笺释》《荀子补注》《荀卿子通论》《荀子补注》《荀子杂志》，等等。其中，清末学者王先谦广泛收集前人校刊和注释成果，撰成《荀子集解》一书，这本书较为完备，是目前为止最有影响的本子。

二、《荀子》的影响

荀子的思想资料主要保存在《荀子》一书中。《荀子》书中的大部分内容，应该是较早完成；不过由于这些思想陆续写就，绵延时间较长，故最后成书时间较晚。刘向认为，《荀子》全书都是荀子本人所写；不过，梁启超持有不同意见。他认为主体部分确实是荀子本人所写，但还有一小部分是由他的学生记录整理而成的。总体来看，荀子是战国末期杰出的思想家。其思想极为丰富，对中国社会思想文化产生了巨大的影响。

《荀子》选编

一、好学

【原文】

学恶乎始？恶乎终？曰：其数[1]则始乎诵经，终乎读礼；其义则始乎为士，终乎为圣人。真积力久则入，学至乎没[2]而后止也。故学数有终，若其义则不可须臾舍也。为之，人也；舍之，禽兽也。故《书》[3]者，政事之纪也；《诗》[4]者，中声[5]之所止也；《礼》者，法之大分[6]，类之纲纪也，故学至乎《礼》[7]而止矣。夫是之谓道德之极。《礼》之敬文[8]也，《乐》[9]之中和也，《诗》《书》之博也，《春秋》[10]之微[11]也，在天地之间者毕矣。

——《荀子·劝学》

【注释】

［1］数：指学习科目。

［2］没：通“殁”，死。

［3］《书》：又称《尚书》《书经》，儒家五经之一。

［4］《诗》：又称《诗经》，是我国现存最早的一部诗歌总集。

［5］中声：中和之声，指和谐的乐章。

［6］大分（fèn）：要领，总纲。

［7］《礼》：据《荀子新注》（北京大学《荀子》注释组，中华书局，1979年），此处的《礼》，可能是指《礼经》。

［8］文：文采，花纹，引申指礼仪、仪式。

［9］《乐》：《乐经》，儒家六经之一，现已失传。

［10］《春秋》：春秋时鲁国史官记载当时史事的编年史。现存版本据传由孔子修订而成。儒家六经之一。

［11］微：精微。

【译文】

学习从哪里开始？又到哪里结束呢？答：就学习科目而言，应该从诵读《书》《诗》等经典开始，到《礼》结束；就学习意义而言，则从做一个读书人开始，到成为圣人结束。诚意积累，长期努力，就能深入领会学习的内容，学到老死然后才能停止。所以，就学习科目而言有尽头，就学习意义而言则片刻也不能放弃。致力于学习，才能成长为人；放弃学习，就与禽兽无异。《书》是政事的记录；《诗》是合乎乐章标准的诗歌的汇集；《礼》是法制的要领、各种条例的总纲，所以要学到《礼》才能结束，才算达到了道德顶点。《礼》敬重礼节仪式，《乐经》注重培养和谐一致的情感，《诗》《书》内容渊博，《春秋》词意精微，这些典籍把天地之间的道理都涵纳其中了。

【点评】

本段提出了终身学习的观点。古代要学习的知识有限，就科目而言可以学到尽头，但就学习的意义而言则不能穷尽，劝导人们生命不息，学习不止。强调只有通过学习才能成其为人，反之则与禽兽无异；并认为学习的终极目标就是要达到圣人的高度，能够掌握天地之间的道理。这些思想即使今天仍具有重要的启发意义。

二、修身

【原文】

凡治气[1]、养心之术[2]，莫径[3]由礼，莫要得师，莫神一好。

——《荀子·修身》

【注释】

[1] 治气：调理气血，此处指人的性情。

[2] 术：方法。

[3] 径：直接。

【译文】

在所有治气养心、调理性情的方法中，最直接的就是按照礼的要求去做，最关键的就是接受良师的教诲，最神妙的就是专心致志。

【点评】

荀子认为，人要调理性情、提高自我修养，有三个因素至关重要，这就是礼、良师以及专心致志。这一思想即使今日仍然颇具价值。虽然礼所包含的等级思想具有时代局限性；但如果仅从其对于人们言行的规范意义来看，则值得借鉴；另外，在提高自我修养、实现自我完善的道路上，良师的有效引导以及个人的专注态度，已经成为人们普遍认同的关键要素。

【原文】

故人无礼则不生[1]，事无礼则不成，国家无礼则不宁[2]。

——《荀子·修身》

【注释】

［1］生：生存。

［2］宁：安宁。

【译文】

所以，人不守礼就不能生存，做事不守礼就办不成，国家不守礼就不得安宁。

【点评】

礼对于个人生存、事业进步以及国家发展都具有深刻的影响，而且三者之间存在着密切的关联。因此，能否按照礼的要求去进行自我道德修养，就不仅与个人安危有关，而且与国家的生存发展有关。

【原文】

礼者，所以正[1]身也；师者，所以正礼也。无礼，何以正身？无师，吾安知[2]礼之为是也？礼然而然，则是情安礼[3]也；师云而云，则是知[4]若师也。情安礼，知若师，则是圣人也。故非礼，是无法也；非师，是无师也。不是师法，而好自用，譬之是犹以盲辨色，以聋辨声也，舍乱妄无为也。故学也者，礼法也；夫师以身为正仪[5]，而贵自安者也。《诗》云："不识不知，顺帝[6]之则[7]。"此之谓也。

——《荀子·修身》

【注释】

[1] 正：端正。

[2] 安知：怎么知道。

[3] 情安礼：情习惯于按照礼的规定去做。

[4] 知：智慧。

[5] 正仪：正确的准则，榜样。

[6] 帝：天帝，此处指自然界。

[7] 则：准则，法则。

【译文】

礼是用来端正身心的规则法度，老师是正确阐释礼的人。没有礼，用什么来端正身心呢？没有老师，我怎么知道礼是这个样子的呢？礼是怎样规定的我就怎样去做，这就是性情习惯于依礼而行；老师怎样说的我也怎样说，这样我的智识就好似老师。如果做到性情习惯于依礼而行，对礼的解读不与老师相悖，那么就是圣人了。如果违背了礼，就是不尊重礼法；违背了老师的教诲，就是不尊重老师。不按照老师的教导和礼法的规定去做，而另搞一套，就如同让视力缺陷者来分辨颜色，让听力障碍者来辨别声音，除了胡说妄为不会再有别的作为了。所以，学习，就是学习礼法；老师，就是以身作则而又安心去这样做的人。《诗经》上说："不知道为什么要这样做，但是这样做却符合自然的法则。"就是说的这种情况。

【点评】

荀子认为，礼是端正身心的重要法则，老师是能正确阐明礼的人。因此，自觉地依礼而行和言不违师，既是人们去恶向善、求得人格发展与完备、由平庸而至圣贤的必要方式；又是社会实现安定有序、和谐发展的重要前提。需要注意的是，言不违师，不是指对老师的盲目跟从，而是强调对礼的内涵和要求应有正确理解，避免出现偏差。

【原文】

礼[1]起于何也？曰：人生而有欲[2]，欲而不得，则不能无求。求而无度量分界，则不能不争；争则乱，乱则穷[3]。先王恶其乱也，故制礼义以分之，以养人之欲，给人之求。使欲必不穷于物，物必不屈[4]于欲。两者相持而长，是礼之所起也。

——《荀子·礼论》

【注释】

[1] 礼：本义是指盛放祭祀供品的器具。后引申为祭神敬祖祈福的仪式。再后来成为奴隶社会和封建社会的等级制度、社会规范和道德规范的总称。

[2] 欲：指人的各种生理和心理需求。

[3] 穷：穷困。

[4] 屈（jué）：竭尽；用尽。

【译文】

礼是怎样产生的呢？回答说：人一出生就有各种各样的生理和心理的需求。这些需求如果得不到满足，就不能不去追求。如果追求时没有标准尺度，没有等级差别，就不能不产生争夺，争夺就会导致祸乱，祸乱就会带来穷困。古代的圣王憎恶这样的祸乱，所以就通过制定礼义来划定人们的等级名分，使人们据此得到相应的物品，从而节制欲望，满足正常的需求。这样，就使人们既不会因为物质匮乏而无法满足欲望，也不会因为欲望不节制而使物质消耗殆尽。使欲望和物质两者平衡发展，是礼产生的根源。

【点评】

荀子体察到人生来就有维持自身生存和发展的欲望。在物质匮乏的时代，如果这种欲望不加节制就必然产生争夺，从而使人类社会无法有序发展，甚至导致衰败、灭亡。为了避免此种危机出现，于是圣人制定了礼义，让人们各安其位，各得其所，使其欲求得到相应的满足。尽管这种满足存在差等，但却能够实现其生存和繁衍的基本需要；礼义让人们的欲望和物质达到了一种动态平衡，从而有助于社会的有序发展。当然，从根本上来说，我们要通过社会的平衡、充分的发展，以逐步消除这些差别，从而满足人们的美好生活需要。

【原文】

礼者，谨[1]于治生死者也。生，人之始也；死，人之终也；终始俱善，人道[2]毕矣。故君子敬始而慎终，终始如一，是君子之道，礼义之文也。

——《荀子·礼论》

【注释】

[1] 谨：谨慎，重视。

[2] 人道：人的一生。

【译文】

礼，在处理人的生死问题上是郑重谨慎的。生，是人生命的开始；死，是人生命的结束。如果生死都能依礼妥善地处理，那么人的一生也就完备了。所以君子严肃慎重地对待生死，始终如一，这就是君子的原则，也是礼义的具体规定。

【点评】

生死标志着人生的开始和结束，是人生的重要节点。因此，只有按照礼的要求对生死这样的大事进行妥善处理，这样的人生才是完备的。这是荀子对礼的规定和意义的进一步说明和强调。

【原文】

礼者，人之所履[1]也，失所履，必颠蹶[2]陷溺。所失微而其为乱大者，礼也。

——《荀子·大略》

【注释】

[1] 履：履行。

[2] 蹶（jué）：跌倒。

【译文】

礼，人们必须遵照执行。如果不遵照执行，就一定会陷入错误的泥潭。对礼的遵守，哪怕只是偏离一点点，也会造成很大的祸乱。

【点评】

荀子认为，无论对于个人还是国家而言，礼都是重要的指导原则。有了礼的指导，就可以保证行为的正确性，反之则会导致错误；并且还认为对礼的微小偏离都会带来严重的恶果，因而对礼必须严格遵守。

【原文】

凡礼，始乎棁[1]，成乎文，终乎悦校[2]。故至备，情文[3]俱尽；其次，情文代胜；其下，复情以归大一也。天地以合，日月以明，四时以序，星辰以行，江河以流，万物以昌；好恶以节，喜怒以当，以为下则顺，以为上则明，万变不乱。贰[4]之则丧也。礼岂不至矣哉！立隆以为极，而天下莫之能损益也。本末相顺，终始相应，至文以有别，至察以有说，天下从之者治，不从者乱，从之者安，不从者危，从之者存，不从者亡。小人不能测也。

——《荀子·礼论》

【注释】

[1] 棁（zhuō）：梁上的短柱。引申为简陋粗略。

[2] 悦校：满意。

[3] 文：礼的仪式。

[4] 贰：违背。

【译文】

所有的礼，都是开始时简陋粗略，以后逐渐规范完备，最后达到令人满意的程度。所以，最完备的礼，所要表达的感情和礼节仪式都极为充分；次一等的礼，所要表达的感情和礼节仪式各有侧重，或者是感情重过了仪式，或者是仪式重过了感情；再次一等的礼，则又回到太古时代的状态，只注重表达质朴的感情了。由于礼的作用，天地和谐，日月光辉；四季有序交替，星辰按照规律正常运行；江河奔流入海，万物繁盛；在礼的引导下，人们爱憎有节制，喜怒哀乐恰如其分；用礼来治理臣民，臣民就乐于服从依顺，用礼来规范君主，君主就施政英明；世间万物虽千变万化但却不会混乱。反过来，背离了礼就会丧失一切。礼难道不是最高准则吗？圣人制定了高度完备的礼制并把它作为一切事物和言行的最高准则，天下没有任何事物能改变它。这种礼制的根本原则和具体规定之间互不抵触，礼的终结和开始都是互相应合；礼义制度，既非常完备又有明确的贵贱等级区别，既非常细密又有严格的是非标准。如果万物都遵循礼的规定，就会平安稳定，得以保全，如果不遵循，就会陷入混乱危险，走向灭亡。礼的这些作用，小人是无法深刻理解的。

【点评】

在荀子看来，礼具有至高地位，礼可谓天地万物生存发展的最高准则。对于人类社会而言，无论个人还是国家，如果能遵循礼，就会呈现出和谐有序的生存状态，迎来光明远大的发展前景；如果违背了礼，则会危机四伏，走向衰败，直至灭亡。荀子是通过强调礼的重要作用，来论证封建制度的合理性；但是他把自然界的运行变化也归结为礼的作用，是错误的。

【原文】

故礼者，养也。刍豢[1]稻粱，五味调香[2]，所以养口也；椒兰芬苾，所以养鼻也；雕琢刻镂黼黻[3]文章，所以养目也；钟鼓管磬琴瑟竽笙，所以养耳也；疏[4]房檖貌[5]越席[6]床笫[7]几筵[8]，所以养体也。故礼者，养也。

——《荀子·礼论》

【注释】

[1] 刍（chú）豢（huàn）：泛指牛羊猪狗等牲畜，这里指肉食。

[2] 香：当作“盉”，通“和”，调和。

[3] 黼（fǔ）黻（fú）：泛指礼服上所绣的华美花纹，也指绣着华美花纹的礼服。

[4] 疏：通。

[5] 檖（suì）貌：檖，深远。貌：庙，古时也把宫室叫作庙。

[6] 越席：蒲草编织的席子。

[7] 笫（zǐ）：竹编的床席。

[8] 几筵：古时人们席地而坐，放在座位旁边供倚靠的小桌子叫作几，竹制的垫席叫作筵。

【译文】

所以礼，是用来满足人们的欲求的。牛羊猪狗等肉食和稻米谷子等粮食，五味调和的佳肴，是用来满足嘴巴欲求的；椒树兰草等香料，是用来满足鼻子欲求的；雕刻图案的精美器具和绣着花纹的华服，是用来满足眼睛欲求的；钟、鼓、管、磬、琴、瑟、竽、笙等乐器，是用来满足耳朵欲求的；通透明亮的房间、宽大庄严的宫室、柔软的蒲席、床上的竹铺、矮桌垫席，这些都是用来满足躯体欲求的。所以礼，是用来满足人们的欲求的。

【点评】

礼的作用，不仅在于节制人们的欲望、避免因欲望膨胀而产生的恶果，还在于满足人们在合理限度内的需求。也就是说，既要使人们的合理需求得到满足，又要使这些需求不越过礼的边界，从而让人们能够在礼的规定范围内调养身心，使身体健康，情感完备，品德高尚。

【原文】

君子既得其养，又好其别。曷谓别？曰：贵贱有等，长幼有差，贫富轻重皆有称者也。故天子大路越席，所以养体也；侧载睪芷，所以养鼻也；前有错衡，所以养目也；和鸾之声，步中武、象，趋中韶、护，所以养耳也；龙旗九斿[1]，所以养信[2]也；寝兕、持虎[3]、蛟韅[4]、丝末、弥龙[5]，所以养威也；故大路之马必信至教顺然后乘之，所以养安也。孰知夫出死要[6]节之所以养生也！孰知夫出费用之所以养财也！孰知夫恭敬辞让之所以养安也！孰知夫礼义文理[7]之所以养情也！故人苟生之为见，若者必死；苟利之为见，若者必害；苟怠惰偷懦[8]之为安，若者必危；苟情说[9]之为乐，若者必灭。故人一之于礼义，则两得之矣；一之于情性，则两丧之矣。

——《荀子·礼论》

【注释】

[1] 斿（liú）：古同“旒”，古代旌旗下边或边缘的飘带。

[2] 信：通“伸”，又通“神”，神气。

[3] 寝兕（sì）、持虎：是指画在天子车轮上的图案；兕：雌性的犀牛；持：通

“跱”，蹲。

［4］蛟：通“鲛”，鲨鱼。韅（xiǎn）：马肚带。

［5］末：通“幦”（mì），车帘。弥：车耳，车厢两旁之上的横木前端的曲钩，形状与人耳相似。

［6］要：求。

［7］文理：区别等级的礼仪制度。

［8］偷懦：懒惰。

［9］说：同“悦”。

【译文】

君子需要各方面的给养，又要对这些给养进行区别。什么叫作区别呢？答：就是身份贵与贱有不同的等级，年龄长与幼有一定的次序，贫与富、尊与卑都各有其相应的规定。所以，天子乘坐宽阔的大辂车、铺垫着柔软的蒲席，用来满足身体舒适的需要；旁边放置各种香草，用来满足嗅觉的需要；车前涂金的横木，用来满足视觉的需要；车铃发出的声音，在车子慢行时合乎《武》《象》的节奏，在车子快行时合乎《韶》《护》的韵律，这是用来满足听觉需要的；龙旗下边悬挂九条飘带，是用来显示天子神气的；车轮上画着横卧的犀牛和蹲着的老虎，马系着用蛟鱼皮制成的肚带、车前挂着丝织的车帘、车耳上画上龙，这是用来显示天子威仪的；所以，天子大辂车上所使用的马匹，一定要经过充分的训练，并且十分顺服，这是用来保证天子安全的。谁懂得那献出生命以求名节的人正是为了保护生命的呢？谁懂得那花费钱财的人正是为了保住钱财的呢？谁懂得那恭敬谦让的人正是为了保住安定没有争乱的呢？谁懂得那遵守礼义仪式的人正是为了培养高尚情操的呢？所以，一个人如果只是偷生，他就一定会死；如果只是贪图私利，他就一定会遭受损失；如果只是喜欢懈怠懒惰，他就一定会遇到危险；如果只是喜欢纵情作乐，这样的人就一定会灭亡。因此，如果人能用礼仪规范自身，那么礼义、性情两个方面就都能得到保全；如果任性而为，那么二者就都保不住了。

【点评】

荀子认为：如果人能用等级道德去规范和统率自己的言行，那么不仅能培养自身高尚的德操，而且能满足生存需求，否则，二者都会丧失。这一思想，一方面有利于养成人们的道德观念和规则意识，有利于维护社会秩序和国家安定；另一方面又难免让人们安于差别，满足现状。今天，我们不仅要消灭阶级剥削和压迫，而且要努力消除一切不合理的人际差别，追求平等，同时还要通过大力发展社会生产力，满足全体人民的美好生活需要。

【原文】

公生明，偏[1]生闇[2]，端悫[3]生通，诈伪生塞，诚信生神，夸诞生惑。此六生者，君子慎之，而禹、桀所以分也。

——《荀子·不苟》

【注释】

[1] 偏：偏见、私心。

[2] 闇：通“暗”。

[3] 端（duān）悫（què）：正直谨慎。

【译文】

公正就会明智，偏见就会愚昧；端正谨慎会带来通达顺利，欺诈虚伪会造成闭塞无知；真诚老实就会决策英明，大言自夸就会办事糊涂。这六种态度产生的六种不同结果，君子一定要谨慎地对待，这也是人们区别禹（圣王）和桀（暴君）的标准。

【点评】

这段话说明了公正、端方、诚信是圣王所应具备的美德，偏私、诈伪、夸诞则是暴君身上的特点。

【原文】

夫行也者，行礼之谓也。礼也者，贵者敬焉，老者孝焉，长者弟[1]焉，幼者慈焉，贱者惠[2]焉。

——《荀子·大略》

【注释】

[1] 弟（tì）：通“悌”，指弟弟敬爱兄长。

[2] 惠：恩惠，给予。

【译文】

所谓行，就是指依照礼去行动。所谓礼，就是指尊敬地位高贵的人，孝顺年老的人，敬爱年长的人，慈爱年幼的人，把恩惠给予卑贱的人。

【点评】

这段话包含两层意思。第一，礼是人们的行动准则，人们的行动应以礼为指导。第二，礼作为人际关系的伦理规范，在对应不同的交往对象时，应具有不同的道德要求，从而实现人伦关系的和谐融洽。

【原文】

请问为人君？曰：以礼分施[1]，均遍而不偏[2]。请问为人臣？曰：以礼待君[3]，忠顺而不懈。请问为人父？曰：宽惠而有礼。请问为人子？曰：敬爱而致[4]恭。请问为人兄？曰：慈爱而见友[5]。请问为人弟？曰：敬诎而不苟。请问为人夫？曰：致和而不流，致临而有辨。请问为人妻？曰：夫有礼则柔从听侍，夫无礼则恐惧而自竦[6]也。此道也，偏立而乱，具立而治，其足以稽[7]矣。请问兼能之奈何？曰：审之礼也。古者先王审礼以方皇周浃[8]于天下，动无不当也。故君子恭而不难，敬而不巩[9]，贫穷而不约，富贵而不骄，并遇变态而不穷，审之礼也。故君子之于礼，敬而安之；其于事也，径而不失；其于人也，寡怨宽裕而无阿；其所为身也，谨修饰而不危[10]；其应变故也，齐给便捷而不惑；其于天地万物也，不务说其所以然而致善用其材；其于百官之事、技艺之人也，不与之争能而致善用其功；其待上也，忠顺而不懈；其使下也，均遍而不偏；其交游也，缘类而有义；其居乡里也，容而不乱。是故穷则必有名，达则必有功；仁厚兼覆天下而不闵[11]，明达用天地、理万变而不疑，血气和平，志意广大，行义塞于天地之间，仁知之极也，夫是之谓圣人审之礼也。

——《荀子·君道》

【注释】

[1] 分施：给人恩惠。

[2] 偏：偏向，不公平。

[3] 待：对待；还有种说法，认为应当是“侍”字。

[4] 致：非常。

[5] 见友：见，同“现”，表现友爱。

[6] 竦（sǒng）：肃敬。

[7] 稽：验证。

[8] 方（páng）皇：广大。周浃（jiā）：周遍。

[9] 巩：通“恐”，恐惧，害怕。

[10] 危：通“诡”，违反。

[11] 闵：通“穷”，尽。

【译文】

请问怎样做君主？回答说：要按照礼义去治理国家，普遍实行而不偏废。请问怎样做臣子？回答说：要按照礼义去对待君主，忠诚顺从而不懈怠。请问怎样做父亲？回答说：要宽厚慈爱而有礼节。请问怎样做儿子？回答说：要敬爱父母而非常有礼貌。请问怎样做哥哥？回答说：要仁慈爱护弟弟而表现出友爱。请问怎样做弟弟？回答说：要敬顺兄长而一丝不苟。请问怎样做丈夫？回答说：要努力实现夫妻和睦而不放荡淫乱，极力推崇礼仪而又保持夫妻间的界限。请问怎样做妻子？回答说：丈夫遵行礼就柔和顺从听命侍候他，丈夫不遵行礼就小心谨慎而保持肃敬。这些原则，如果只是做到一部分，则天下就会混乱；如果全部都做到了，天下就会局势安定、政治清明；这些已经是充分证实了的。

请问要全部都做到该怎么办呢？回答说：要透彻地知晓礼义。古代圣王透彻地知晓礼义，并将之普遍地施行于天下，因此，行动没有不正确的。所以君子谦恭却不胆怯，恭敬却不恐惧，贫穷却不卑躬屈膝，富贵却不骄横放纵，即使接连面临各种突发状况，也能从容应付而不会惊慌失措，这都是因为他透彻地知晓了礼的缘故。所以君子敬重并自觉遵守礼；对于事务，直接去做但不会出差错；对于他人，很少责备、宽宏大量，但不阿谀奉承；对待自身，谨慎地约束自己而不违反礼；对待突然出现的事变，迅速敏捷而不迷惑；对待天地万物，不致力于解说其产生的根源而在于最合理地利用其材；对于那些官吏和技术人才，不和他们竞争具体技能的高低，而是最合理地利用其工作成果；侍奉君主，忠诚顺从而不懈怠；使唤下属，公平对待而不偏向；与人交往，寻找志同道合之士并遵守礼义；住在家乡，待人宽容仁厚而不过度。所以君子身处穷困时就一定享有名望，显达时就一定能建立功勋；他的高尚品德能照耀天下而没有止境，他的高深智慧能够利用自然界认识、处理事物的各种变化而不疑惑；他心平气和，胸襟宽广，德行道义充塞于天地之间，仁德智慧达致极点。这就叫作圣人透彻知晓了礼。

【点评】

这段话详细阐述了不同社会角色应遵守的相应礼仪规范和道德要求。一方面，人们在社会关系网络中居于不同的角色，如有人是君主，有人是臣子，有人是父亲，有人是儿子，有人是哥哥，有人是弟弟，有人是丈夫，有人是妻子，等等。另一方面，每个人在社会中又都身兼多重角色，一个人既是臣子，也是父亲、儿子、丈夫。因此，如果人人都能很好地遵守礼的规定，满足不同角色的道德要求，那么这样的社会就一定和谐有序，局势安定；而要做到这一点，就必须透彻地认识礼。

三、教化

【原文】

人之性恶，其善者伪[1]也。今人之性，生而有好利焉，顺是[2]，故争夺生而辞让亡焉；生而有疾恶焉，顺是，故残贼生而忠信亡焉；生而有耳目之欲，有好声色焉，顺是，故淫乱生而礼义文理[3]亡焉。然则从人之性，顺人之情，必出于争夺，合于犯分乱理而归于暴。故必将有师法之化，礼义之道，然后出于辞让，合于文理而归于治。用此观之，人之性恶明矣，其善者伪也。

——《荀子·性恶》

【注释】

［1］伪：此处为动词。人为；后天形成。

［2］是：代词，这……顺是：顺着这种情形。

［3］文理：条理，秩序。

【译文】

从欲望产生的结果来说，人性是恶的，人的善良是后天形成的。人的天性，生来就喜欢财产利益，如果顺着这种倾向，争夺的恶行就会产生，辞让的品质就会消失；人的天性，生来就会妒忌憎恨他人，如果顺着这种倾向，残杀陷害就会产生，忠诚守信就会消失；人生来就喜欢听音乐，喜欢看美色，如果顺着这种倾向，淫乱就会产生，礼义法度就会消亡。如果顺从人的天性和情感，就必然出现你争我夺，做出不合乎职分和礼义法度的事情，从而走向凶狠残暴，祸害他人，毁灭社会正常秩序。所以，必须有君师和法制的教化，有礼义的约束引导，然后从辞让出发遵循礼义法度，社会才能实现安定太平。由此可知，人性恶这一点很明确了，而善是后天修为的结果。

【点评】

荀子认为人性恶，但是可以矫正，使本性由恶至善。矫正的工具就是师法和礼义。因为人的欲望是天生的本能，具有存在的合理性，不能简单消灭。如果消灭了，人就不能保持生命和繁衍后代来延续生命。但由于欲望有衍生出恶的趋势，故不能任其自由发展，必须对欲望加以限制和约束。人只有尊礼守法，在理法的范围内各得所需，个人利益、他人利益和群体利益才能和谐共生，人类社会才会健康发展，国家才能长治久安。反之，必然导致道德沦丧、社会倒退，国家也会出现危机。

【原文】

故圣人化性而起伪，伪起而生礼义，礼义生而制法度；然则礼义法度者，是圣人[1]之所生也。故圣人之所以同于众，其不异于众者，性也；所以异而过众者，伪也。夫好利而欲得者，此人之情性也。假之[2]人有弟兄资财而分者，且顺情性，好利而欲得，若是，则兄弟相拂夺[3]矣；且化礼义之文理，若是，则让乎国人矣。

——《荀子·性恶》

【注释】

[1] 圣人：具有最高智慧和道德的人。

[2] 假之：假如。

[3] 拂（fú）夺（duó）：争夺。

【译文】

圣人为改造本性的恶，做出了向善的努力，制定出礼义和法度；所以说礼义和法度都是圣人创制的。圣人和普通人一样、没有差异的地方，是人性；圣人与普通人不同并且又超出普通人的地方，是礼义人为。爱好财物并希望拥有，这是人的天生性情。比如，兄弟间要分配物资钱财，如果顺应性情，则每个人都会因喜欢财利而想多得点，这样，即使是兄弟也会相互争夺。但是如果经过礼义教化，遇到这种情况，哪怕对方是与自己没什么关系的普通人，也会谦让。

【点评】

欲望是天生的，而礼义是圣人依据社会实践总结和制定出来的。圣人和普通人的人性本来一样，但因其经过礼义教化，从而超越了生物本能而成为有道德守法纪的人。这说明，普通人也可以通过礼义教化而出凡入圣，成为道德高尚的人。

【原文】

故枸[1]木必将待檃栝[2]烝矫然后直；钝金必将待砻厉[3]然后利；今人之性恶，必将待师法然后正，得礼义然后治，今人无师法，则偏险而不正；无礼义，则悖乱[4]而不治，古者圣王以人性恶，以为偏险而不正，悖乱而不治，是以为之起礼义、制法度，以矫饰人之情性而正之，以扰化人之情性而导之也，使皆出于治，合于道者也。今之人，化师法，积文学，道礼义者为君子；纵性情，安恣孳[5]，而违礼义者为小人。用此观之，然则人之性恶明矣，其善者伪也。

——《荀子·性恶》

【注释】

［1］枸（gōu）：弯曲。

［2］檃（yǐn）栝（kuò）：矫正木材弯曲的工具。

［3］砻厉：磨。

［4］悖乱：悖逆，违背。

［5］恣孳：放纵。

【译文】

所以弯曲的木料一定要经过矫正工具进行熏蒸、矫正，然后才能挺直；不锋利的金属刀剑一定要经过磨砺，然后才能变得锋利。现在，人“恶”的本性，一定要依靠师长和法度的教化才能得到纠正，经过礼义的引导才能向善发展。假如人们没有师长的教化和法度的约束，品行就会不端正；没有礼义的规范束缚，就会叛逆作乱而不守秩序。古代圣明的君王认为人性恶劣，行为偏向邪恶而不端正、易叛逆作乱而难以治理，因此建立起礼义制度、制定出法律法规，用以矫正整治其性情以使之端正，驯服教化其性情以进行引导，使他们都能够遵守社会秩序，行为品行能够合乎正确的道德原则。现在，如果人们能够接受师长的礼义法度教化，积累文化知识，以礼义为行为指导，就是君子；反之，放纵性情、任意胡作非为，违反礼义，就是小人。由此看来，人性本恶这一点就很清楚了，人们那些善良的行为都是后天修为的结果。

【点评】

这段话阐述了礼义和法度的重要性。遵守师长教诲、遵循礼法规范，是去恶向善的方法和途径。能否尊礼守法，是衡量和成就君子和小人的重要标准和途径。通过礼的教化，不仅能避免人的欲望肆意蔓延，而且能修养性情，培育克己利他的品德，从而成长为守礼法、行公义、有道德的君子，直至成为雷锋一样的毫不利己、专门利人的道德楷模。

【原文】

凡性者，天之就也，不可学，不可事。礼义者，圣人之所生也，人之所学而能，所事[1]而成者也。不可学，不可事而在天者，谓[2]之性；可学而能，可事而成之在人者，谓之伪；是性伪之分也。

——《荀子·性恶》

【注释】

［1］事：人为。

［2］谓：叫作，称为。

【译文】

人的本性，都是天生的。不是学习获得的，也不是后天人为产生的。礼义，则是圣人制定出来的，是通过学习就能获得，通过后天努力就可以做到的。不能通过学习和后天努力获得，而是人天生就有的，是本性。可以通过学习获得，通过努力实现的，就是人为。这是先天本性和后天人为的区别。

【点评】

人的本性与生俱来，无师自通；虽然欲求的肆意膨胀可能导致恶劣后果，但由于衣食住行等基本欲求是维持人类自身生存和发展的必要前提，所以不能简单地将之灭绝。礼作为后天修为的结果，对人的本性发挥了节制和规范的作用，不仅在一定程度上满足了个体的物质需求，而且因有利于群体和谐、消除争夺祸乱，又使得人们能够生活在安乐祥和的环境中，满足了人们的精神需求。

【原文】

礼有三本[1]：天地者，生之本也；先祖者，类之本也；君师者，治之本也。无天地，恶生？无先祖，恶出？无君师，恶治？三者偏亡，焉[2]无安人。故礼，上事[3]天，下事地，尊先祖而隆君师，是礼之三本也。

——《荀子·礼论》

【注释】

［1］本：根本，本源。

［2］焉：则。

［3］事：指祭祀。

【译文】

礼有三个根本：天地是万物生存的根本，祖先是种族出现并繁衍的根本，君主和师长是治理国家、教化民众的根本。没有天地，万物如何生存？没有祖先，种族如何产生？没有君主和师长，天下怎能太平？这三个方面，缺少了哪一个，人民都不会得到安宁。所以礼，上祭祀天，下祭祀地，尊重祖先而推崇君主和师长。这是礼的三个根本。

【点评】

礼的三个根本中，包含了天地君亲师这五项内容。天地君亲师思想发端于《国语》，形成于《荀子》；在明后期以后，民间对天地君亲师极为尊崇，其中所包含的敬天法祖、孝亲敬长、忠君爱国、尊师重教的伦理价值取向深入人心，深刻影响了民众的精神生活。

【原文】

问者曰："人之性恶，则礼义恶生？"

应之曰：凡礼义者，是生于圣人之伪，非故[1]生于人之性也。故陶人埏埴[2]而为器，然则器生于陶人[3]之伪，非故生于人之性也。故工人斲木而成器，然则器生于工人之伪，非故生于人之性也。圣人积思虑，习伪故，以生礼义而起法度，然则礼义法度者，是生于圣人之伪，非故生于人之性也。若夫目好色，耳好声，口好味，心好利，骨体肤理好愉佚[4]，是皆生于人之情性者也；感而自然，不待事而后生之者也。夫感而不能然必且待事而后然者，谓之生于伪。是性伪之所生，其不同之征也。

——《荀子·性恶》

【注释】

[1] 故：通"固"，本来。

[2] 埏（shān）埴（zhí）：以水和黄黏土调和制作陶器。

［3］陶人：制作陶器的工人。

［4］肤理：皮肤的纹理。佚：同“逸”，安闲。

【译文】

有人问：“人的本性是恶的，那么礼义从何产生呢？”

答：所有礼义，都产生于圣人的后天努力，而不是自然产生于人的本性。所以，制陶工人用黏土制成陶器，那么陶器是产生于工人的努力，而不是产生于工人的本性。木工砍削木材制成木器，那么木器是产生于工人的努力，而不是产生于木工的本性。圣人不断思考，熟悉各种社会情况并加以总结，从而制定了礼义，建立了法度。因此，礼义法度都是产生于圣人的后天努力，而不是产生于圣人的本性。至于眼睛爱看美色，耳朵爱听音乐，嘴巴爱吃美味，内心爱好财利，身体喜欢舒适安逸，这些才是产生于人的情性，是一有感觉就自然而然形成的、是不依赖于人的后天努力就会产生出来的东西。那些并不由人的感觉生成、一定要依靠后天努力的，才叫作产生于人为。这就是由本性和人为产生的东西所具有的不同特征。

【点评】

这段详细解答了先天本性和后天人为的区别。生来就具有的是本性，经过后天努力产生的就是“伪”；礼义法制都是圣人后天制作出来的。但我们也要认识到，礼义和法制的内容，并非圣人凭空想象出来的，而是建立在人们长期生产实践经验基础上，经过圣人反复思考、不断总结和升华的结果。

【原文】

夫乐者，乐也[1]，人情之所必不免也，故人不能无乐。乐则必发于声音，形于动静，而人之道[2]，声音、动静、性术之变尽是矣。故人不能不乐，乐则不能无形，形而不为道，则不能无乱。先王恶其乱也，故制雅、颂[3]之声以道[4]之，使其声足以乐而不流，使其文足以辨而不諰[5]，使其曲直、繁省、廉肉[6]、节奏，足以感动人之善心，使夫邪污之气无由得接焉。是先王立乐之方也，而墨子非之，奈何！

——《荀子·乐论》

【注释】

［1］乐（yuè）者，乐（lè）也：第一个乐字：音乐。第二个乐字：喜乐。

［2］人之道：做人的道理。

［3］雅、颂：是《诗经》中的两类诗。此处指乐曲。

［4］道：同“导”，引导。

［5］諰（xǐ）：通“息”，塞满。

［6］廉（lián）肉（ròu）：形容音乐的声音清晰和饱满。

【译文】

音乐，是用以表达人的喜乐情感的，是人表达情感不可缺少的方式，所以人不能没有音乐。

人有了喜乐情感，就一定会流露在声音上，表现在举止上；而做人的一些基本道理以及声音、举止、情感变化都能在音乐中表现出来。所以，人不可能没有喜乐情感，而有了这种情感就不能不表现，如果想要表现却没得到正确引导，就会产生祸乱。古代圣王憎恶祸乱，所以创作了雅乐、颂乐来进行引导，使音乐足以表达喜乐情感却不流于淫荡邪恶，使歌词足以阐发正确道理而不堵塞凝滞，使音律的婉转或舒扬、简单或复杂、清晰或圆润、停顿或推进，都足以感化人之善心，使那些邪恶之气无法熏染民众。这就是古代圣王创制音乐的原则。但是墨子却反对所有的音乐，怎么办呢？

【点评】

墨子认为音乐会使统治者沉溺于声色享受中，不能给普通民众带来实际利益。所以，他反对人们享受音乐歌舞。荀子反对墨子对音乐全盘否定的观点，他认为音乐也分为不同的类型，好的音乐具有重要的社会价值。其强大的教化功能能够激发人们的善心，从而避免滋生邪念。荀子强调，为避免不好的音乐对人的误导，所以古代圣王才创制出健康向善的雅乐、正乐，从而占据人们的思想情感阵地，并予以正向引导。很显然，荀子的这些思想今天已经为人们所认同并积极践行。

【原文】

故听其雅、颂之声，而志意[1]得广焉；执其干戚，习其俯仰屈伸，而容貌得庄焉；行其缀兆[2]，要[3]其节奏，而行列得正焉，进退得齐焉。故乐者，出所以征诛也，入所以揖让也；征诛揖让，其义一也。出所以征诛，则莫不听从；入所以揖让，则莫不从服。故乐者，天下之大齐[4]也，中和之纪也，人情之所必不免也。

——《荀子·乐论》

【注释】

[1] 志意：心胸意向。

[2] 缀兆：舞蹈的行列位置。

[3] 要（yāo）：迎合。

［4］大齐：行动完全一致。

【译文】

所以，人们听《雅》《颂》之类的音乐，心情志向就会高远宽广；拿着盾牌斧头这些道具，练习低头抬头曲身舒展等舞蹈动作，容貌就会端庄严肃；行动在舞蹈的行列里，迎合着舞曲的节奏，队列就整齐，进退就一致。所以音乐，对外可用以征伐杀敌，对内可用以教习礼让。无论是征伐杀敌还是教习礼让，音乐所发挥的作用都是一样的。对外把音乐当成征伐杀敌的工具，就没有人不听从指挥；对内把音乐当成教习礼让的工具，就没有人不顺服谦让。所以，音乐是让人们行动整齐划一、性情符合礼法的纲纪，是人的情性一定不能缺少的东西。

【点评】

在荀子看来，音乐不仅能让人们志向高远，胸襟广阔，而且更重要的是能培养人们对封建礼法制度的服从意识。

【原文】

夫声乐之入人也深，其化[1]人也速[2]，故先王谨[3]为之文。乐中平则民和而不流，乐肃庄则民齐而不乱。

——《荀子·乐论》

【注释】

［1］化：感化、教化。

［2］速：快速。

［3］谨：谨慎。

【译文】

音乐对人的影响很深，对人的情感改变很快，所以古代圣王都很谨慎地创制音乐。音乐中正平和，那么民众就和睦而不淫邪，音乐严肃庄重，那么民众就团结一心而不陷于纷乱。

【点评】

“入人深”“化人速”是音乐的两大社会功能。因此，积极倡导雅乐、正乐，反对淫声邪声，充分发挥音乐的正向教化作用，有助于培养人们的高尚德操。

【原文】

乐者，圣人之所乐[1]也，而可以善民心，其感人深，其移风易俗易[2]，故先王导之以礼乐而民和睦。

——《荀子·乐论》

【注释】

[1] 乐：喜欢。

[2] 易：容易。

【译文】

音乐，是圣人喜欢的，可以用它来使民心向善，它对人的影响很深，在改变旧有风俗方面也很容易，所以古代圣王用符合礼的音乐来引导人民，于是人民就和睦相处了。

【点评】

“善民心”“感人深”“移风易俗”，这三者体现了音乐的强大教化功能，也是其他教育手段所无法比拟的。可见，音乐不仅具有高度的审美价值，而且具有强大的社会价值。因此，重视音乐，并对人们开展音乐教育，就十分必要。

【原文】

君子乐得其道[1]，小人乐得其欲。以道制欲，则乐而不乱；以欲忘道，则惑[2]而不乐。

——《荀子·乐论》

【注释】

[1] 道：道义。

[2] 惑：迷惑。

【译文】

君子喜欢音乐，是为了提高自身修养，小人喜欢音乐，则是为了满足个人私欲。如果用道义来制约欲望，就会喜乐而不悖乱；如果因为欲望而忘记了道义，就会迷茫而痛苦。

【点评】

音乐作为一种载体，不同的人会从中得到不同的体验与收获。君子通过音乐来培育自身的道德修养，小人则通过音乐去感受欲望的满足。因此，要实现音乐的教化功能，则必须把握正确的方向，以道制欲，让人们不只是欣赏音乐的动听，更能得到音乐的正向化育，从而不断完善自己的德行。

四、治国

【原文】

君子治[1]治，非治乱也。曷谓邪？曰：礼义之谓治，非礼义之谓乱也。故君子者，治礼义者也，非治非礼义者也。然则国乱将弗[2]治与？曰：国乱而治之者，非案[3]乱而治之之谓也，去乱而被之以治。人污[4]而修之者，非案污而修之之谓也，去污而易之以修。故去乱而非治乱也，去污而非修污也。治之为名，犹曰君子为治而不为乱，为修而不为污也。

——《荀子·不苟》

【注释】

[1] 治：治理。

[2] 弗：不。

[3] 案：同“按”，按照，依照。

[4] 污：（品行）污秽、肮脏。

【译文】

君子治理合乎礼义的事，而不治理违背礼义的事。为什么这么说呢？答：合乎礼义就会带来安定有序，违背礼义就会导致混乱动荡。所以君子治理合乎礼义的事，而不治理违背礼义的事。如果这样，那么国家混乱了就不去治理了吗？答：国家混乱，也要去治理，但并不是对这些混乱的事进行治理，而是要先除去这些混乱，然后在符合礼义的事情上进行治理，就好像人的品行肮脏，要先换上美好的品行一样。所以，去除混乱并不等于治理混乱，去除肮脏并不等于治理肮脏。“治理”作为一个概念，意思是说：君子只做符合礼义的事，而不做违背礼义的事；只做美好的事，而不做肮脏的事。

【点评】

在荀子看来，无论立德修身还是治国理政，其要点和重心都在于如何把符合礼义的事情做好，并使之强大；而对于那些不符合礼义的事情，则不能姑息，必须除掉；如此，才能真正地实现国家和社会的安定有序、和谐美好。

【原文】

义与利者，人之所两有也。虽尧、舜不能去民之欲利；然而能使其欲利不克其好义也。虽桀、纣亦不能去民之好义，然而能使其好义不胜其欲利也。故义胜利者为治世，利克义者为乱世。上重义则义克利，上重利则利克义。故天子不言多少，诸侯不言利害，大夫不言得丧，士不言通货财。有国之君不息[1]牛羊，错质[2]之臣不息鸡豚，冢卿不修币[3]，大夫不为场圃，从士以上皆羞利而不与民争业，乐分施而耻积臧。然故民不困财，贫窭[4]者有所窜[5]其手。

——《荀子·大略》

【注释】

[1] 息：繁殖。

[2] 错质：错，通“措”；错质，指献身。

[3] 冢（zhǒng）卿：上卿。修币：钻营钱财，指放高利贷之类的行为。

[4] 窭（jù）：贫寒。

[5] 窜：安置。

【译文】

道义和私利，是人们所兼有的东西。即使是尧、舜这样的贤君也不能去除民众想要逐利的天生欲望，但是能够让他们的逐利之心敌不过对道义的推崇。即使是夏桀、商纣这样的暴君也不能消灭民众对道义的推崇，但是能够让他们对道义的推崇敌不过逐利之心。所以如果民众对道义的追求胜过了对私利的追求，就是太平盛世；如果民众对私利的追求胜过了对道义的追求，就是混乱之世。统治者看重道义，道义就会胜过私利；统治者看重私利，私利就会胜过道义。所以天子不谈论财物，诸侯不谈论利害，大夫不谈论得失，士不谈论经营货财的事情；国君不养殖牛羊，臣子不养殖鸡猪，上卿不钻营钱财，大夫不修场种菜；士以上的官吏都耻笑逐利而不与民众争夺这些，他们喜欢施舍而耻于囤积藏私。因此，民众不会受到缺钱的困扰，贫穷的人也都有工作可做。

【点评】

正确看待和处理义利关系，是礼的重要内容之一。荀子认为，只有道义胜私欲的价值观在社会中占据主流位置，才会成就太平盛世，反之则会造成国家混乱；而要引导和维护这种价值观，则各个层次的统治者、管理者都应首先做出表率，不钻营钱财与民争利。

【原文】

礼者，政之挽[1]也。为政不以礼，政不行矣。

礼之于正国家也，如权衡[2]之于轻重也，如绳墨[3]之于曲直也。

——《荀子·大略》

【注释】

[1] 挽：牵引，引申为引导。

[2] 权衡：秤。

[3] 绳墨：木工用来画直线的工具。

【译文】

礼，是政事的指导原则。治理政事如果不依礼而行，政令就不会得到实施。

礼在国家治理中的作用，就好似秤对轻重的衡量、墨线对曲直的校正一样，非常重要。

【点评】

这两段话都是在强调礼对于国家治理的重要性。尽管礼的内涵和形式会随着时代变迁而发生变化，但其所具有的规范、约束和引导作用，则是任何时代都需要的。今天，社会主义核心价值观以及国家、社会和个人等层面的各种规章制度，都在推动国家治理、维护社会秩序、保障人民安宁等方面发挥着积极的作用。

【原文】

口能言之，身能行之，国宝也。口不能言，身能行之，国器[1]也。口能言之，身不能行，国用[2]也。口言善，身行恶，国妖也。治国者敬其宝，爱其器，任其用，除其妖。

——《荀子·大略》

【注释】

[1] 器：器物。

[2] 用：用具。

【译文】

对于礼，嘴上能讲出来，自身又能做到，这种人是国家的珍宝。嘴上讲不出，但自身能做到，这种人是国家的重器。嘴上能讲清楚，但自身做不到，这种人也可以为国家所用。嘴上说得好听，自身却干坏事，这种人是国家的妖孽。治理国家的人敬重第一种人（国宝），爱护第二种人（国器），使用第三种人（国用），除掉第四种人（国妖）。

【点评】

根据在礼上的言行表现，可以把人分成四种类型。荀子对不同类型的人有不同的评价，并认为治国者应给予区别对待。其中，他最反对和否定的就是口善行恶、口蜜腹剑、言行相悖的人，认为这种人是国家的妖孽，危害极大，必须铲除。

【原文】

上好义则民暗饰[1]矣，上好富则民死利矣。二者，治乱之衢[2]也。民语曰："欲富乎？忍耻[3]矣，倾绝[4]矣，绝故旧矣！与义分背矣。"上好富，则人民之行如此，安得不乱。

——《荀子·大略》

【注释】

[1] 饰：端正。

[2] 衢（qú）：十字路口。

[3] 忍耻：不顾廉耻。

[4] 倾绝：不顾性命。

【译文】

君主爱好义，那么民众在暗地就会调整端正自己的行为，君主爱好财物，那么民众就会为了追逐私利而拼命。君主爱好义还是爱好财物，这二者是治和乱的分界线。民间俗语说："想发财吗？不顾廉耻吧，不顾性命吧，和老朋友断绝关系吧，与义背道而驰吧。"君主爱好财物，那么民众也会如此，国家怎么会不乱呢？

【点评】

荀子认为，统治者的喜好及其价值倾向，能深刻影响到普通民众；正如孔子所言"君子之德风，小人之德草，草上之风，必偃"（《论语·颜渊》）。因此，统治者应以身作则，树立正确的义利观，成为民众的道德楷模，给民众以正确的价值引领。这一思想，对于今天国家的各级管理者仍有重要的启示意义。

【原文】

至道大形，隆礼至法则国有常[1]，尚贤使能则民知方，纂[2]论公察则民不疑，赏免罚偷[3]则民不怠，兼听齐明则天下归之；然后明分职，序事业，材[4]技官能，莫不治理，则公道达而私门塞矣，公义明而私事息矣。如是，则德厚者进而佞说者止，贪利者退而廉节者起。

——《荀子·君道》

【注释】

[1] 常：常规。

[2] 纂（zuǎn）：集。

[3] 偷：偷懒。

[4] 材：任用。

【译文】

最高政治原则的最大效验是：推崇礼、法为最高的政治原则，那么国家就会有秩序，崇尚德性高尚的人、任用有才能的人，那么民众就能知道朝着哪个方向努力；集中民众意见而不独断专行，那么民众就不会怀疑；奖赏勤恳的人，惩罚偷懒的人，那么民众就不会怠惰；听取各方意见，明察一切事物，那么天下人就会归从他。然后，明确人的名分和职位，区分各项工作的轻重缓急，任用有技术有才能的人，一切都安排妥当，那么人们就会秉公办事，私人门路就会闭塞，为公的原则明确了，谋私的事情也就停息了。这样一来，德行敦厚的人得到任用，而花言巧语的人被遏止，贪图财利的人被罢免，而廉洁奉公的人得到提拔。

【点评】

这段话强调了礼法在国家治理中的重大作用。荀子认为，隆礼重法就能使国家健康有序，和谐发展。

【原文】

礼者，治辨[1]之极也，强固之本也，威行之道也，功名之总[2]也。王公由之，所以得天下也；不由，所以陨[3]社稷也。故坚甲利兵不足以为胜，高城深池不足以为固，严令繁刑不足以为威，由其道则行，不由其道则废。

——《荀子·议兵》

【注释】

[1] 辨（bàn）：通“辦（办）”，治理。

[2] 总：总纲。

[3] 陨（yǔn）：毁坏。

【译文】

礼，是治理国家的最高准则，是国家强大稳固的根本，是国家威力盛行天下的途径，是建功扬名的总纲。天子诸侯遵守它，就能取得天下；不遵守它，就会失掉政权。所以，坚固的铠甲、锋利的兵器不足以取得胜利，高高的城墙、深深的护城河不足以稳固国家，严格的命令、繁多的刑罚不足以树立威势，只有遵守礼才会获得成功，不遵守礼就会失败。

【点评】

这段话反映了荀子的军事思想。在荀子看来，国家的强盛威望，不是依靠先进的武器装备和牢固的防御工事，也不是凭借严格的军令和严酷的刑罚，而是要遵行礼义。因此，礼治不仅是治理国家的根本，也是建设军队的根本。

【原文】

古者汤以薄[1]，武王以滈[2]，皆百里之地也，天下为一，诸侯为臣，无他故焉，能凝[3]之也。故凝士以礼，凝民以政；礼修而士服，政平而民安；士服民安，夫是之谓大凝。以守则固，以征则强，令行禁止，王者之事毕矣。

——《荀子·议兵》

【注释】

[1] 薄：同“亳”(bó)，古地名，商汤的都城，今河南商丘一带。

[2] 滈：同“镐”(hào)，即镐京，西周的国都，今陕西西安一带。

[3] 凝：团聚，此处指保持和巩固。

【译文】

古代商汤王凭借的亳，周武王凭借的镐，面积不过都是百里左右的小领地，而他们却统一了天下，诸侯都做了他们的臣子，这没有什么其他的原因，就是因为他们能团结巩固取得的土地上的民众啊。所以，要依靠礼来团结和巩固士人，用政策来团结和巩固民众；礼义搞好了，士人就会来投奔；政治清明了，民众就能安居乐业。士人投靠、民众安居乐业，这就叫作最大的团结巩固。凭借这种政治局面，守卫国家，国家就牢不可破；征讨敌人，自身就强大无比，有令必行，有禁必止，这样，就能称王于天下了。

【点评】

荀子认为，团结和巩固人心，是称王天下的必要前提，是军事强大的核心要素；而要实现这一目标，则必须实行礼义。这是强调礼义对于形成良好国家政治局面和强大军事实力的重要意义。

【原文】

故人莫贵乎生，莫乐乎安；所以养生安乐者，莫大乎礼义。人知贵生乐安而弃礼义，辟之[1]是犹欲寿而刎颈也，愚莫大焉。故君人者，爱民而安，好士而荣，两者亡一焉而亡。诗曰："价人维藩，大师维垣。"此之谓也。

——《荀子·强国》

【注释】

[1]辟之：辟，比喻，打比方。之，代指下面的事情。

【译文】

所以，对人而言，没有什么比生命还宝贵，没有什么比安定更快乐；而能用来保育生命、获得安乐的方式，没有比施行礼义更重要的了。人们如果只知道珍惜生命、乐享安定但却舍弃了礼义，这就如同本来想长寿但却割断脖子自杀一样，没有比这更愚蠢的了。所以，对于君主来说，爱护人民就会使国家安宁，喜欢读书人就会使国家繁盛，如果这二者一样也没做到，就会灭亡。《诗经》上说："有德贤士是篱笆，普通民众是围墙。”说的正是这个道理。

【点评】

在荀子看来，礼，是个人珍爱生命、获得快乐的关键因素。对于统治者而言，只有依礼而行，尊重人才，爱护人民，才会实现国家的兴旺发达、长治久安。这说明，对于普通个体、统治者以及国家来说，礼都极其重要。

【原文】

礼以顺人心为本[1]，故亡于《礼经》而顺人心者，皆礼也。

——《荀子·大略》

【注释】

［1］本：根本。

【译文】

礼以顺应人心为根本。所以，在《礼经》上没有记载而能顺应人心的，都是礼。

【点评】

对礼而言，虽然有其外在的形式和成文的规章，但是在礼的继承和实践中，顺应人心是最重要的。

【原文】

故乐在宗庙之中，君臣上下同听之，则莫不和敬；闺门之内[1]，父子兄弟同听之，则莫不和亲；乡里族长[2]之中，长少同听之，则莫不和顺。故乐者，审一[3]以定和者也，比物以饰[4]节者也，合奏以成文者也；足以率一道[5]，足以治万变[6]。是先王立乐之术也，而墨子非之，奈何！

——《荀子·乐论》

【注释】

[1] 闺门之内：家庭内部。

[2] 族长：同族内部。

[3] 一：指主音。

[4] 饰：通“饬”，调节。

[5] 一道：包括使君臣上下“和敬”、父子兄弟“和亲”、长少“和顺”等在内的根本原则。

[6] 万变：指前面所说的声音、动静、性术等变化。

【译文】

所以音乐在祖庙之中演奏，君主和臣民上下人等一起倾听，就都和睦互敬；在家庭内部演奏，父子兄弟一起倾听，就都和睦亲爱；在同族内部演奏，大小年龄的人一起倾听，就都团结和顺。所以，音乐，就是先审定好一个主音来确定其他的和音，然后配上各种乐器来调整节奏，一起演奏构成和谐的乐曲；音乐足以统率做人的根本道理，足以调整人的各种情感变化。这就是古代圣王创制音乐的方法。可是墨子却反对音乐，怎么办呢？

【点评】

这段话具体阐明了音乐在和谐人际关系、营造和维护良好社会秩序方面的突出作用。荀子认为，音乐如同黏合剂，能使不同身份等级、不同年龄层次的人之间建立起和睦团结、其乐融融的友善关系。

【原文】

乐合同，礼别异。礼乐之统[1]，管[2]乎人心矣。

——《荀子·乐论》

【注释】

[1] 统：总体。

[2] 管：约束。

【译文】

音乐让人们达成和谐一致，礼制使人们区分出不同等级。所以礼乐的共性在于能约束人的思想。

【点评】

礼乐作为治国理政的两种原则和手段，虽效用不同——礼侧重于从等级身份上来约束民众，乐侧重于从性情精神上去引导民众，但是二者所要实现的目标一致，即维护国家和社会的安定有序。因此，在国家治理中相辅相成，不可或缺。

后 记

经过编写组全体同仁的辛勤工作，《少儿礼乐文化读本》（儒家经典卷）和少儿读者朋友见面了。

《少儿礼乐文化读本》（儒家经典卷）系北京东方道德研究所副所长彭笑远教授主持的北京青年政治学院委托项目“中华礼乐文化与青少年教育研究”（项目编号：WT201905）的成果。本书主要以儒家经典《诗经》《尚书》《周礼》《仪礼》《礼记》《周易》《左传》《论语》《孟子》《孝经》《荀子》为主要选编范围，以少儿读者为接受对象，对以上经典中适宜于少儿读者阅读的礼乐内容，采用“原文、注释、译文、点评”的体例加以撰写，形成读本。选编与撰写者为北京青年政治学院教师，具体分工如下：《诗经》《尚书》（任宝菊）；《周礼》《仪礼》《礼记》（李伟波）；《周易》《论语》《孟子》（任文利）；《左传》（彭笑远）；《孝经》（黄晓博）；

《荀子》(王颖)。全书框架、内容、体例的设计，由主编提出最初方案，经过反复研讨，最终成型，是各位撰写者集体对话、讨论形成的结晶，均凝聚着大家的心血，感谢本书各位撰写者为全书所付出的辛劳。感谢“中华礼乐文化与青少年教育研究”(项目编号：WT201905)课题组成员为本课题所提供的支持和帮助。感谢中国文史出版社责任编辑程凤女士专业、敬业、细致入微的编辑工作。

一本书的完成，不是结束，而是开始。《少儿礼乐文化读本》(儒家经典卷)期待着与少儿读者朋友展开一段温暖而愉悦的阅读之旅。

图书在版编目（CIP）数据

少儿礼乐文化读本 / 彭笑远，李伟波主编 . -- 北京：中国文史出版社，2019.12
ISBN 978-7-5205-1852-9

Ⅰ . ①少… Ⅱ . ①彭… ②李… Ⅲ . ①礼乐—文化—中国—少儿读物 Ⅳ . ① K892.9-49

中国版本图书馆 CIP 数据核字 (2019) 第 287105 号

责任编辑：程　凤

出版发行：中国文史出版社
社　　址：北京市海淀区西八里庄路 69 号院　邮编：100142
电　　话：010- 81136606　81136602　81136603(发行部)
传　　真：010-81136655
印　　装：北京新华印刷有限公司
经　　销：全国新华书店
开　　本：1/16
印　　张：19.75
字　　数：170 千字
版　　次：2021 年 2 月北京第 1 版
印　　次：2021 年 2 月第 1 次印刷
定　　价：59.80 元
